EFICIÊNCIA E PRISÕES CAUTELARES

Conselho Editorial
André Luís Callegari
Carlos Alberto Alvaro de Oliveira
Carlos Alberto Molinaro
Daniel Francisco Mitidiero
Darci Guimarães Ribeiro
Draiton Gonzaga de Souza
Elaine Harzheim Macedo
Eugênio Facchini Neto
Giovani Agostini Saavedra
Ingo Wolfgang Sarlet
Jose Luis Bolzan de Morais
José Maria Rosa Tesheiner
Leandro Paulsen
Lenio Luiz Streck
Paulo Antônio Caliendo Velloso da Silveira

W393e   Wedy, Miguel Tedesco.
     Eficiência e prisões cautelares / Miguel Tedesco Wedy. –
Porto Alegre: Livraria do Advogado Editora, 2013.
     160 p.; 23 cm.
     Inclui bibliografia.
     ISBN 978-85-7348-874-6

     1. Prisão cautelar. 2. Pena (Direito). 3. Penas alternativas.
4. Medidas cautelares. 5. Prisão temporária. 6. Prisão preventiva. 7. Liberdade provisória. I. Título.

CDU 343.26
CDD 345.072

Índice para catálogo sistemático:
1. Prisão   343.26

(Bibliotecária responsável: Sabrina Leal Araujo – CRB 10/1507)

Miguel Tedesco Wedy

EFICIÊNCIA E PRISÕES CAUTELARES

Porto Alegre, 2013

© Miguel Tedesco Wedy, 2013

Capa, projeto gráfico e diagramação
Livraria do Advogado Editora

Revisão
Rosane Marques Borba

Imagem da capa
Stock.xchng

Direitos desta edição reservados por
Livraria do Advogado Editora Ltda.
Rua Riachuelo, 1300
90010-273 Porto Alegre RS
Fone/fax: 0800-51-7522
editora@livrariadoadvogado.com.br
www.doadvogado.com.br

Impresso no Brasil / Printed in Brazil

Aos homens e mulheres presos injustamente.

Prefácio

*Aos homens e mulheres,
presos injustamente...*

Eis a dedicatória de um livro que se ocupa da liberdade, da justiça e da injustiça. Que se ocupa do núcleo das "misérias do processo penal", parafraseando Carnelutti.

E não se podia esperar algo diferente de Miguel Tedesco Wedy, um Advogado e Professor (sim, com letras maiúsculas, porque ele faz por merecer) com longa trajetória profissional e que goza de muito prestígio e respeito em ambas as ambiências por onde circula.

Um professor que advoga é uma dádiva para os alunos, pois é capaz de conjugar teoria e prática, demonstrando a necessidade de superação dessa dicotomia (muito mais aparente do que real). É alguém capaz de levar um pouco do calor humano, de alegria e de tristeza, de levar para sala de aula um pouco da "vida como ela é", diria Nelson Rodrigues.

Um advogado que ministra aulas significa um profissional atualizado, com bagagem teórica e discurso refinado. Existe uma íntima relação e interação entre foro-academia, infelizmente ainda negada por muitos, que pensam haver uma separação entre teoria e prática. Isso é um erro, pois teorizamos para praticar e toda prática encerra, por detrás, uma teoria de base. Se temos práticas medíocres, é porque nos falta base teórica, conhecimento. Daí a inafastável fusão de horizontes.

Mas, dirão alguns, é um livro escrito por um advogado... e é um livro crítico!

Fantástico, ser crítico é negativo? O negócio é seguir repetindo, de forma automática e sem qualquer reflexão, o senso comum teórico de sempre... é não pensar muito, vamos seguir repetindo o de sempre, afinal, a vida não é dinâmica nem complexa... Essa é a zona de conforto. O sono tranquilo decorrente da ingênua crença de que tudo vai bem. Ser crítico é cansativo, é desestabilizador, é cansativo.

Mas e o fato de o autor "ser advogado"? Todos os estudiosos e profissionais criticam o mofo do processo penal, a letargia, o ranço inquisitório, a falta de oxigenação constitucional. Sim, mas o processo penal é muito mais do que o Código de Processo Penal, é aquilo que se escreve sobre ele e depois, aquilo que se decide sobre ele (quase sempre a partir do que se escreveu sobre ele ...). Logo, a doutrina é corresponsável (senão a maior responsável ...) pelo que aí está.

O autor é advogado e fala o que fala, desde onde fala, por elementar. Mas aproveitemos o ensejo para mais uma reflexão: quem escreveu o processo penal dos últimos 60 anos? Com todo o meu respeito e admiração, mas vamos assumir: foi escrito por membros do Ministério Público. E eles falam desde onde? Qual é o lugar de fala deles? Não é uma fala ideologicamente comprometida? Não são seres-no-mundo? Esse lugar não é contaminado? Não é ideologicamente demarcado?

Para além disso, é um livro que trata da prisão cautelar, talvez um dos temas mais caros ao processo penal, pois é o ápice da tensão entre o poder de punir *versus* liberdade individual. Miguel já havia se ocupado deste tema no Mestrado em Ciências Criminais da PUCRS, em que tive o prazer de (des)orientá-lo, e que originou o livro "Teoria Geral da Prisão Cautelar e Estigmatização", de 2006.

Mas a presente obra é completamente diferente, não só porque tivemos uma profunda revisão das prisões cautelares com o advento da Lei 12.403/11, mas também porque o autor é "outro". O rio em que me banho hoje não é o mesmo rio em que me banhei ontem, pois o rio não é o mesmo, nem eu...

Miguel Tedesco Wedy amadureceu, e muito. Da graduação para o Mestrado, um grande passo. Do Mestrado para o Doutorado, um gigantesco pulo. O Doutoramento na tradicional Faculdade de Direito da Universidade de Coimbra lhe fez muito bem os ventos coimbrenses lhe abriram horizontes.

E o reflexo disso tudo está agora em suas mãos, caro leitor. Um livro sério, denso e com um profundo compromisso democrático e constitucional.

Uma obra para ser lida e relida. Para ser desfrutada.

Boa leitura, e que dela saibam extrair o máximo para suas vidas profissionais, pois *os homens e as mulheres, presos injustamente,* precisam disso.

Aury Lopes Jr.
Advogado Criminalista
Vice-Presidente da FEDERASUL.
Doutor em Direito Processual Penal pela Universidade
Complutense de Madrid
Professor Titular de Direito Processual Penal da PUCRS
Professor do Programa de Pós-Graduação – Especialização, Mestrado
e Doutorado – em Ciências Criminais da PUCRS
Coordenador do Curso de Especialização em Ciências Penais da PUCRS
www.aurylopes.com.br

Sumário

Introdução..13
1. Eficiência e prisões cautelares...15
   1.1. A eficiência, o processo penal e as prisões cautelares..................15
2. A transformação histórica das prisões cautelares...........................33
3. Teoria das prisões cautelares..45
   3.1. A universalização, constitucionalização e instrumentalidade do processo penal..45
   3.2. Conceito e objeto das medidas cautelares pessoais........................49
   3.3. Requisito e fundamento das prisões cautelares: do equivocado paralelismo entre processo civil e processo penal.................................51
   3.4. Do requisito das prisões cautelares..56
   3.5. Do fundamento das medidas cautelares......................................59
4. Base epistemológica das prisões cautelares...................................63
   4.1. Princípios aplicáveis..64
      4.1.1. Princípio da jurisdicionalidade..64
      4.1.2. Princípio da instrumentalidade...66
      4.1.3. Princípio da provisoriedade e provisionalidade..................68
      4.1.4. Princípio da excepcionalidade..71
      4.1.5. Princípio da proporcionalidade..74
      4.1.6. Princípio do contraditório...77
   4.2. Garantias constitucionais...77
      4.2.1. Presunção de inocência *versus* prisão cautelar..................77
      4.2.2. Garantia da fundamentação da decisão que decreta a prisão cautelar...82
5. Prisões cautelares e pré-cautelares no Brasil.................................85
   5.1. Prisão em flagrante: conceito, objeto e natureza jurídica...............85
      5.1.1. Espécies do flagrante...88
         5.1.1.1. Do flagrante próprio...88
         5.1.1.2. Do flagrante impróprio...88
         5.1.1.3. Do flagrante presumido..90

5.1.1.4. Dos flagrantes forjados, provocados e preparados e as deletérias figuras dos agentes infiltrados, encobertos e provocadores..92
5.1.1.5. Do flagrante esperado e diferido..99
5.1.1.6. Do flagrante nos casos de crimes permanentes, ação penal privada, crimes habituais e outras situações especiais............100
5.1.1.7. O procedimento da prisão em flagrante e a necessidade de fundamentação da prisão temporária ou preventiva..............102

6. Prisão temporária...105
   6.1. Conceito, objeto, requisito e fundamento................................105

7. Prisão preventiva..109
   7.1. Prisão preventiva e eficiência..112
   7.2. Prisão para a garantia da instrução...123
   7.3. Prisão para a garantia da aplicação da lei penal......................125
   7.4. Prisão para a garantia da ordem pública e para a garantia da ordem econômica...127

8. Prisão na fase de pronúncia..133

9. Prisão decorrente de decisão condenatória recorrível................135

10. Liberdade provisória e fiança..139

11. Das medidas cautelares alternativas....................................145

12. Da prisão domiciliar...153

Referências..155

Introdução

O livro que ora se apresenta para a comunidade jurídica possui uma missão bem prática: ajudar a entender o tema das prisões cautelares e de suas alternativas. A origem, sem dúvida, está lá no longínquo mestrado, com a tese intitulada *Prisão Cautelar e Estigmatização: Uma Análise Crítica*, defendida em 2002, que originou o livro *Teoria Geral da Prisão Cautelar e Estigmatização*, em 2006. Porém, em que pese não venhamos a fugir das construções teóricas lá erigidas, o que seria uma incoerência, a verdade é que os anos passaram e acabaram por reconhecer o acerto da maioria daquelas posições, que vieram a ser acolhidas, inclusive, pelo Supremo Tribunal Federal (como a inconstitucionalidade da vedação da liberdade provisória, *ope legis*, e da aplicação de antecipação de pena e de execuções provisórias, antes do trânsito em julgado, sem motivações cautelares). Daí a necessidade de um passo adiante, mais prático, no sentido da averiguação das medidas cautelares surgidas com a Lei 12.403/11 e que estão a causar uma sensível ampliação do espectro de controle penal, ao contrário do que pretendia o legislador. Um passo dado com a simplicidade dos trabalhos que possuem um objetivo claro e inequívoco: a defesa da pessoa humana e de sua liberdade.

Portanto, ver-se-ão, embora não seja a mesma obra, muitas vezes as mesmas ideias e linhas da obra anterior, com os acréscimos, porém, acerca da eficiência no processo penal, da nova temática das cautelares alternativas, da prisão em flagrante, da fiança e da liberdade provisória.

Fica aqui o agradecimento ao grande Prof. Dr. Aury Lopes Júnior, amigo, mestre e orientador no mestrado, processualista denso e brilhante, advogado criminalista perspicaz, valente e guerreiro.

1. Eficiência e prisões cautelares

1.1. A eficiência, o processo penal e as prisões cautelares

Por certo que a ideia de eficiência repercute sobre o problema das prisões cautelares. Num período de quinze anos, entre 1994 e 2010, o número de presos aumentou 390%, enquanto a população brasileira aumentou 29%, segundo dados do Departamento Penitenciário Nacional. O número de presos provisórios, de outra parte, cresceu de maneira exponencial, compondo em alguns Estados brasileiros a metade ou mais dos indivíduos presos.

Por tudo isso, é inegável que uma visão equivocada de eficiência vem repercutindo sobre a liberdade dos acusados e suspeitos no processo penal e na investigação preliminar. E aqui, não nos devemos esquecer, que a Constituição brasileira e o Código de Processo Penal português abordam a questão da eficiência. A primeira coloca a eficiência como um "princípio" de atuação da administração pública (art. 37 da CF/88). Já a então exposição de motivos do Código de Processo Penal português, no item oitavo, foi clara, ao afirmar que se busca maior "celeridade e eficiência na administração da justiça penal", sem que isso signifique uma subserviência a "uma lógica puramente economicista de produtividade pela produtividade. A rentabilização da realização da justiça é apenas desejada em nome do significado direto da eficiência para a concretização dos fins do processo penal: realização da justiça, tutela de bens jurídicos, estabilização das normas, paz jurídica dos cidadãos".[1]

---

[1] Em boa hora, o projeto de reforma do Código de Processo Penal brasileiro (PLS 156/2009), em sua exposição de motivos, dispõe que "a eficácia de qualquer intervenção penal não pode estar atrelada à diminuição das garantias individuais", pois "as garantias individuais não são favores do Estado. A sua observância, ao contrário, é exigência indeclinável para o Estado". Contudo, em vários de seus dispositivos, o projeto muda muito pouco. Além disso, pelo prisma político, é inegável que a tramitação prevista ainda deverá ser longa, até em razão da ausência de uma discussão mais prolongada e refletida acerca da pretendida reforma. Basta ver que o Projeto passou pelo Senado Federal, no dia 8 de dezembro de 2010, e, agora, retornará para a Câmara dos Deputados.

O fato de não subscrevermos, na sua totalidade, esses fins do processo penal, não significa que não os consideremos relevantes. Em cada momento histórico, o ordenamento jurídico é perpassado por novos valores, critérios e princípios, que acabam por ressaltar e elevar certas questões.

Ela, a eficiência, é importante para o homem atual, para o ser-pessoa do presente. Assim, como afirmou, certa feita, Baptista Machado, parece um destino do homem essa permeabilidade da consciência a certa verdade ou valor em cada época histórica, o que se depreende como "um facto radical e irradicável".[2]

Não tratar desse tema com um novo entono seria aceitar a degradação da ideia de direito a um simples meio técnico de organização das massas – simples técnicas destituídas de qualquer verdade subjetiva, para seguir o mesmo Baptista Machado.[3]

E aí se impõe referir a concepção matricial onto-antropológica de cuidado de perigo de Faria Costa.[4]

Uma concepção que parte do ilícito-típico como ofensa a interesses objetivos, e não à mera violação de deveres ou dispositivos legais e que entende o cuidado como elemento fundamental da convivencialidade humana. Uma noção que recorda Heidegger, citado por Ernildo Stein: "o estar-no-mundo possui a marca ontológica do cuidado".[5] Um cuidado do eu para consigo mesmo e também um cuidado com os outros, pois só aí, apenas nessa relação única e magnífica para consigo

---

[2] MACHADO, J. Baptista. "Antropologia, existencialismo e direito". *Revista de Direito e de Estudos Sociais*, Coimbra, ano 11, p. 62, 1960.

[3] Ibid., p. 74. Relevante aqui a assertiva de Baptista Machado, acerca da crítica que se há de fazer contra o positivismo e contra o jusnaturalismo dogmático: "Repudiam-se, pois, tanto a atitude do positivismo como a de um jusnaturalismo dogmático. O primeiro, refugiando-se na auto-suficiência da idéia burguesa de segurança, expõe o homem ao perigo de renunciar à sua liberdade e de a perder, de se alienar totalmente, pois, ao fluxo aleatório de forças impessoais, porque lhe retira todo o estímulo de realização daquela liberdade possível que insere na história a iniciativa do espírito e a humanista – a faz uma história humana. O segundo, aferrando-se farisaicamente a um dogmatismo estreito e afirmando-se orgulhosamente na posse de critérios estimativos firmes, imutáveis e indiscutíveis que o libertam da angústia de buscar e de perguntar, pende a transformar-se numa doutrina estritamente conservadora – como aliás a história o comprova – , a eternizar o *status quo* ou, no dizer de LARENZ, a 'dar como eternos e de validade universal princípios próprios duma concepção temporalmente ancorada". Ibid., p. 84.

[4] Como salienta FARIA COSTA, o direito penal tem um sistema, um fundamento (encontrado na primeva relação comunicacional de raiz onto-antropológica, na relação de cuidado de perigo), uma função (proteção de bens jurídicos com dignidade penal e com ela, agregadas, a garantia, a segurança e a coesão) e uma finalidade (a realização da justiça para um ordenamento de paz). COSTA, José Francisco de Faria. *Noções fundamentais de direito penal*. Coimbra: Coimbra Editora, 2007, p. 19 e ss.

[5] STEIN, Ernildo. *Seis estudos sobre "ser e tempo" (Martin Heidegger)*. Petrópolis: Vozes, 1988, p. 87.

e para com os outros, é que se encontram, como refere Faria Costa, "*a segurança, a ausência de cuidado, a carência de perigo*".[6]

Uma concepção que permeia todo o ordenamento jurídico penal e processual penal e repele uma paupérrima e simplória instrumentalização e simbologização do direito. Uma concepção que impõe um imperativo da prudência científica.[7] Não das ciências naturais, o que o direito não é, mas uma prudência da ciência normativa. Uma concepção que eleva, mais e mais, a pessoa humana e que vislumbra que a criatura humana, como mera substância, também existe no isolamento, enquanto a pessoa, ao contrário, só existe "entre" as criaturas humanas, razão por que o direito nunca vale para uma criatura humana isolada, mas apenas para uma relação entre criaturas humanas, ou destas últimas com as coisas – numa palavra, para pessoas. De forma que as criaturas humanas só se personalizam se reconhecem as outras como pessoas. Eis o indisponível do direito. A criatura humana como pessoa deve conduzir o conteúdo e o proceder jurídico.[8]

E, assim, não se trata mais de conceber a eficiência como um critério de otimização da riqueza ou do sistema, como pretende a análise econômica do Direito, mas, sim, de entendê-la dentro de um contexto, dentro de uma unidade de sentido. Uma unidade de sentido entre o fundamento, a função e a finalidade do direito penal. O fundamento da relação onto-antropológica de cuidado de perigo, a função de proteção subsidiária e fragmentária dos bens jurídicos mais relevantes e a finalidade de realização da justiça e da paz jurídica. E, assim, transforma-se a eficiência, como dito. Agora, como um critério de otimização da legitimidade, não mais conduzido por um princípio de promoção da riqueza, mas, sim, de otimização da justiça e de limitação da criminalização, da punibilidade e das medidas cautelares restritivas de direitos fundamentais.

Ou seja, a eficiência onto-antropológica é relevante também na sua repercussão sobre o processo penal, dotando-o de maior legitimidade, a partir do instante em que, com ele, o direito penal esteja alicerçado num fundamento, com a função de proteger um bem jurídico penal e alcançar a justiça e a paz social.

---

[6] COSTA, José Francisco de Faria. *O perigo em direito penal*. Coimbra: Coimbra Editora, 1992, p. 319. Na mesma linha o pensamento de D'AVILA, Fabio. *Ofensividade em direito penal*: escritos sobre a teoria do crime como ofensa a bens jurídicos. Porto Alegre: Livraria do Advogado, 2009.

[7] KAUFMANN, Arthur. "Prolegómenos a uma lógica jurídica e a uma ontologia das relações". *Boletim da Faculdade de Direito da Universidade de Coimbra*, Coimbra, v. 93, p. 183-208, 2002.

[8] Ibid., p. 183-208, p. 203, 206-207.

Contudo, aqui são necessárias algumas adaptações, que consigam relacionar a eficiência do processo penal com garantias e, acima de tudo, com o alcançamento da justiça e da paz social.

Um processo penal que não consiga congregar eficiência, garantias e justiça, fatalmente, acabará por carecer de uma legitimidade mais forte e mais densa.[9] Ora será apontado como um processo autoritário e inquisitorial. Ora será denominado como um processo de cunho relativista e fraco, despreocupado com a persecução penal e com a justiça. Por isso a necessidade do critério da eficiência, justamente como a liame capaz de edificar uma noção de processo penal que preserve garantias e não esqueça sua finalidade de buscar a justiça e a paz social. É preciso trazer à baila a preocupação concreta com os bens jurídicos, com a manutenção ou reconstrução de uma relação onto-antropológica de cuidado de perigo e com uma justiça equitativa, razoável, ponderada. É a eficiência que estabelece o ponto nevrálgico de ligação entre garantias e justiça, sem desequilibrar o processo penal.

Como afirmamos, a justiça e a paz jurídica, para além de um fim do processo penal,[10] afiguram-se como fins do próprio direito penal.

---

[9] E aqui é importante apontar que há uma ligação estreita entre legitimidade e a eficiência, as garantias e a justiça em direito penal. Por certo que se poderá apontar, na linha de Ferrajoli, uma diferença entre legitimidade jurídica e a legitimidade política ou externa. Como salienta Ferrajoli: "Chamarei de vigência a validade apenas formal das normas tal qual resulta da regularidade do ato normativo; e limitarei o uso da palavra 'validade' à validade também material das normas produzidas, quer dizer, dos seus significados ou conteúdos normativos. Por conseguinte, será possível dividir a legitimidade jurídica ou interna – separada sempre da legitimidade política ou externa, em qualquer caso de tipo material – em legitimidade jurídica formal, que se refere somente às formas prescritas para os atos normativos e por conseguinte à vigência das normas produzidas, e legitimidade jurídica substancial, que, ao contrário, se refere aos conteúdos dessas mesmas normas, ali onde estes também estejam prescritos ou proibidos por normas acerca de sua produção". FERRAJOLI, Luigi. *Direito e razão*: teoria do garantismo penal. Tradução de Ana Paula Sica, Fauzi Choukr, Juarez Tavares, Luiz Flávio Gomes. São Paulo: RT, 2006, p. 330-331. Como afirmamos, não nos parece possível separar, em linhas totalmente intocáveis, as ideias de justiça e de garantias e de eficiência. Seria legítimo um direito penal injusto? Por certo que seria válido e aplicável. Porém, não seria legítimo sob o aspecto jurídico e político. E, ao que parece, é o próprio Ferrajoli que acaba por admitir isso: "Justificam-se a tortura, a prisão preventiva, o interrogatório sem a presença de um defensor, o segredo instrutório mais ou menos ilimitado, ou a política premial para as confissões e colaborações? É evidente que tais perguntas admitem respostas diversas no plano da legitimidade interna, dependendo da presença ou não, no ordenamento que se analisa, de um outro tipo de garantias processuais, relativas ao 'como provar' e ao 'como não provar', tais como o *habeas corpus* em favor do imputado, a sua imunidade contra pressões físicas e morais, o seu direito de negar ou mentir, a assistência de defensor e outras. Entretanto, a adoção ou não de tais garantias normativas é, mais uma vez, uma questão de justificação externa, solucionada de diversas formas, todas submetidas ao fato de que a individualização da verdade seja concebida como um fim condicionado ao respeito de outros valores ou como fim incondicionado do processo penal, que, desta feita, justificaria o uso de quaisquer meios para alcançá-la". Ibid., p. 220.

[10] Nesse sentido, também Mário Monte, que reconhece não apenas a influência recíproca entre direito penal e direito processual penal, como também o perigo de que a lógica da eficiência

Portanto, por certo que uma ideia assim repercute sobre o processo penal que deve ser como um filtro capaz de conduzir aquelas ideias antes apregoadas.

E daí se depreende o motivo pelo qual se há de falar em processo penal e eficiência.[11] É porque a ineficiência ou uma eficiência sem garantias terá repercussão justamente no processo penal.

Mas, indo além dessa relação, uma ideia de eficiência vem repercutindo também no direito penal e, por conseguinte, no processo penal. Uma ideia que perpassa uma mentalidade própria do mundo moderno, instrumentalizada fortemente pelas opiniões mediáticas. Um certo discurso sensacionalista que, em alguns casos pontuais, com repercussão jornalística, relacionam sempre Justiça e prontidão, celeridade e eficiência. É óbvio que a Justiça não deve se portar com lentidão demasiada, esquecendo-se de se fazer presente. No entanto, não é bom que ela seja instantânea e imediata. Na atualidade, cada vez mais, os meios jornalísticos e legislativos indicam uma "punição imediata" como sinônimo de eficiência, prontidão e justiça do Poder Judiciário. E, assim, não raro se vai industriando o crime e vulgarizando as prisões cautelares. Desse modo, a busca por essa eficiência,

---

venha a subverter a essência da Justiça. Ademais, em nossa visão, corretíssima a afirmação de Mário Monte, de que a justiça tem uma essência que está subtraída a uma lógica puramente economicista. Como salienta Mário Monte: "O problema é este. E enquanto não for compreendido, sempre haverá críticas – algumas justas, outras injustas – à justiça por ser morosa. Se quisermos ser mais claros, diremos que, para ser eficiente, a justiça deveria ser de tal modo que, logo após a prática do facto, sabendo-se que alguém é suspeito, utilizando-se todos os meios de obtenção de prova, então, em poucas horas, ter-se-ia descoberto a verdade, e estar-se-ia perante uma acusação. E se ainda se quisesse ser mais célere, toda a investigação, sumária, claro está, feita pela polícia, serviria já de auto de notícia, de acusação, seguindo-se de imediato para julgamento, sendo que toda a prova produzida na investigação, por razões de eficiência, poderia afinal, ser aproveitada em julgamento, sem necessidade de a produzir de novo, obtendo-se uma decisão em poucas horas, após o início da investigação. Isso sim seria celeridade! Mas, a que preço? A que custos axiológicos? Dispensar-nos-ão de explicar o porquê da falta de razoabilidade da caricatura acabada de enunciar daquilo que poderia ser uma justiça muito eficiente, que na verdade seria tudo, uma eficiente gestão administrativa de problemas sociais, mas não a justiça". MONTE, Mário Ferreira. "Um Olhar sobre o futuro do direito processual penal: razões para uma reflexão". In: MONTE, Mário Ferreira et al. (org.). *Que futuro para o direito processual penal?* Coimbra: Coimbra Editora, 2009, p. 402, 405, 411-412.

[11] Como diz Faria Costa, o "processo penal é, exactamente – e aqui de óptica mais formal –, o conjunto de regras que permitem verificar se, em determinada situação concreta, existiu ou não a prática de um facto previsto e proibido pela lei penal" [...] "porque o processo penal, para lá da protecção daqueles direitos, também visa a realização da justiça, a descoberta da verdade material, a aplicação de uma pena ao culpado, bem como, de jeito não despiciendo, o restabelecimento da paz jurídica, colocada em causa pelo crime"..."Porque, em nosso juízo, é no processo penal que qualquer tensão ou desequilíbrio normativo que ultrapasse o razoável tornará todo o sistema ineficiente e, talvez pior, injusto. O equilíbrio entre os valores de segurança e garantia que devem envolver a figura do arguido e os interesses ou valores de celeridade processual e eficácia tem que ter um ponto de equilíbrio instável nem sempre fácil de determinar". COSTA, José Francisco de Faria. *Noções fundamentais de direito penal*. Coimbra: Coimbra Editora, 2007, p. 49-50, 56-57.

diríamos, por essa eficiência mais primitiva, acaba por repercutir no direito penal, com a aplicação de verdadeiras penas antecipadas, por intermédio de prisões supostamente cautelares.

Mas não para aí essa repercussão que muito se tem notado em Portugal e no Brasil. Um outro terreno que vem sofrendo a influência da perversão da ideia de eficiência no campo penal tem sido aquele que trata da intimidade e da privacidade dos cidadãos. Os múltiplos e novos meios de prova que se vêm utilizando estão a desbaratar, quase que por completo, certas garantias, de forma bem mais profunda, até que em períodos totalitários.[12] Basta ver, por exemplo, o número sem fim de interceptações telefônicas e delações premiadas que são utilizadas como único material probatório na seara do direito penal econômico. Um fenômeno bem presente em muitos ordenamentos jurídicos.[13]

---

[12] Pode-se notar a repercussão disso não apenas no Brasil, com o aumento exponencial de prisões cautelares, como já vimos. Problema que também se vê em Portugal, pois, segundo Rui Silva Leal, na prática e no quotidiano da vida policial e judiciária, "[...] em nome da descoberta da verdade material e do jus puniendi de que se arroga o Estado, e de muitos e propalados princípios e teorias mais ou menos conseguidas, violam-se direitos básicos dos cidadãos. Direitos, liberdades e garantias. Falo de ameaças veladas de detenção e de julgamento em processo sumário em virtude de ter aconselhado o arguido a exercer o seu direito ao silêncio, não respondendo a determinadas perguntas; Falo de buscas domiciliárias sem mandado judicial com obtenção do consentimento do buscado apenas no final das diligências, mas ficando a constar do auto, falsamente, que tal consentimento foi prévio; Falo em escutas telefônicas das conversações entre o arguido e o seu defensor que, posteriormente, são destruídas sem que os intervenientes venham a aperceber-se de que foram escutados, ao abrigo de uma incorrecta interpretação da norma que alegadamente permite proceder tal destruição sem que os escutados previamente possam inteirar-se do que, desse modo, é destruído; Falo das prorrogações de prazo para a realização de escutas telefônicas sem que o juiz de instrução tenha previamente ouvido o que já foi interceptado e gravado; Falo da prisão preventiva ordenada exclusivamente com base em gravações de som e imagem efectuadas por particulares e sem o consentimento do visado; Falo em interrogatórios de argüidos a quem se não comunicam os factos que lhe são imputados apesar dos seus – e os do seu defensor – pedidos insistentes nesse sentido; Falo da recusa em conceder a palavra ao Advogado, em diligência judicial, para requerer o que tiver por conveniente no momento que julgue adequado, e na subseqüente recusa em conceder-lhe a palavra para lavrar em acta o atinente protesto; Falo na valoração, em audiência de julgamento, de 'conversas informais' mantidas por órgão de polícia criminal e argüidos"... Para concluir que, "Em termos práticos, isso significa um Estado repressivo e de terror instituído. Significa entrarem-nos pela casa adentro a desoras e sem mandado, ameaçarem-nos de prisão por reivindicarmos os nossos direitos e prenderem-nos mesmo, escutarem as nossas conversas diárias (telefônicas ou pessoais), intrometerem-nos na nossa correspondência, agredirem-nos, insultarem-nos, condenarem-nos à morte e matarem-nos mesmo. Não se diga que é um exagero, esta conclusão. Na verdade, Estados totalitários, repressivos e intolerantes nasceram assim; nasceram desse aligeirar de exigências no respeito dos direitos fundamentais, do 'fechar' os olhos a determinadas ilegalidades, da tolerância do que é verdadeiramente intolerável". LEAL, Rui Silva. "Eu sou arguido amanhã. Os direitos de garantia". In: MONTE, Mário Ferreira et al. (org.). Que futuro para o direito processual penal? Coimbra: Coimbra Editora, 2009, p. 117-119.

[13] Como diz Figueiredo Dias, "o que está por toda parte em questão é (goste-se ou não) o imenso requisitório em favor de um aumento da 'eficiência funcionalmente orientada' do processo penal – exigida por um tratamento eficaz de formas expansivas, altamente organizadas e definitivamente internacionalizadas de criminalidade gravíssima – e a sua necessária compatibili-

E, como derradeira repercussão que se pode notar, vê-se também o fortalecimento do papel do magistrado na busca da verdade, como forma de equilibrar os interesses em disputa, o que acaba por minimizar, por vezes, o papel de protagonista que as partes deveriam ter no processo penal. Agiganta-se, desse modo, a figura do julgador, não mais como um terceiro imparcial e equidistante, mas quase como uma parte, com o dever de buscar a verdade e a justiça. E é relevante que também essa repercussão, tal como as outras, se dê fundamentalmente como forma de fazer cumprir e aplicar, ao fim e ao cabo, o direito penal e suas funções, finalidades e fundamentos. E tal repercussão se vê claramente na possibilidade de *prisão preventiva de ofício* pelo julgador, durante o processo penal.

Como referimos antes, a luta e o embate entre garantias e justiça impõe um ponto de equilíbrio. Impõe uma ligação. E é aqui, justamente aqui, que a ideia de uma eficiência onto-antropológica se apresenta como mecanismo de extrema significação para a legitimação de um processo penal acusatório e democrático. Encontrar um ponto de equilíbrio duradouro entre justiça e garantismo no processo penal é tarefa nada fácil. Não apenas em razão de entendermos que a eficiência não pode ser vista desconectada da ideia de justiça, numa unidade de sentido, como estamos a referir, mas também em razão da existência de uma pressão natural para que a "eficiência" seja um sinônimo de presteza jurisdicional e de enfrentamento da impunidade.

Essa é uma visão que permeia boa parte do raciocínio jurídico-penal dos tempos modernos. Uma ideia utilitarista de processo. Uma ideia que acaba por observar o processo penal apenas como o aríete capaz de agilizar o procedimento, e não aquele filtro capaz de conduzir a verdade possível e válida, a partir de um clima de equilíbrio e ponderação, capaz de alcançar a justiça respeitando garantias, de forma eficiente.

A grande dificuldade, em nosso ver, reside aqui. Reside numa certa mudança de mentalidade, na capacidade de enfrentar os contundentes problemas penais de forma serena e frontal, sem perder a capacidade de, em meio ao conflito jurídico, perceber a necessidade

---

zação com o asseguramento dos direitos fundamentais das pessoas, em especial, dos argüidos e das vítimas. Problema que se suscita com particular acuidade e tremenda dificuldade em temas como os da admissibilidade e validade da prova carreada através de sofisticados métodos de investigação, de vigilância ou registo; como através do número exponencialmente crescente de agentes provocadores, encobertos ou infiltrados e dos chamados homens de confiança dos órgãos de polícia criminal". DIAS, Jorge de Figueiredo. "Sobre a reforma penal, justiça *penal portuguesa e brasileira, tendências de reforma*". In: FRANCO, Alberto Silva *et al.* (org.). Justiça penal portuguesa e brasileira: tendências de reforma. Colóquio em homenagem ao IBCCRIM. São Paulo: IBCCRIM, 2008, p. 20.

de manutenção de garantias, a fim de alcançar a justiça de maneira eficiente. Ou seja, uma mentalidade que tenha a capacidade de ligar, de forma evidente, as ideias de eficiência, de garantias e de justiça, sem as quais o processo penal acabará por carecer de uma legitimidade maior. Esse é o caminho que o pensamento que até aqui se está a construir procura alcançar. Um caminho de defesa das garantias, para que o processo seja eficiente na finalidade de alcançar a justiça. Ou como disse Ferrajoli: "Um sistema penal é justificado se, e somente se, minimiza a violência arbitrária da sociedade. E atinge tal objetivo à medida que satisfaz as garantias penais e processuais penais do direito penal mínimo. Estas garantias se configuram, portanto, como outras condições de justificação do direito penal, no sentido que somente a atuação destas vale para satisfazer-lhes os objetivos justificantes".[14]

Infelizmente, o que se observa, não raro, é a incapacidade de relacionar eficiência com a ideia de justiça. Isso se dá por culpa dos próprios operadores e trabalhadores do direito, que acabaram por tomar essa ideia apenas sob um viés utilitarista ou funcionalista mais exacerbado. Esse não é o viés que julgamos correto quando se trata da ideia de eficiência. A nossa ideia é a verificação da eficiência a partir de um fundamento (a relação onto-antropológica, isto é, a ideia de cuidado com o outro, defendida por Faria Costa), de uma função (a proteção subsidiária dos bens jurídicos mais importantes) e de uma finalidade (o alcançamento da justiça e da paz jurídica). A partir daí, com o equilíbrio e a presença desses requisitos, poder-se-ia falar de eficiência legítima em direito penal. E, por conseguinte, poder-se-ia falar também da repercussão da eficiência em processo penal.[15]

Mas, aqui, isso ocorreria pela ligação fundamental entre essa hélice tríplice, formada pelas ideias de garantia, de justiça e de eficiência. Quando em processo penal estivermos diante da conjunção desses predicados, que não se podem separar sob pena da perda de legitimidade e densidade axiológicas, poder-se-á falar em maior eficiência do processo penal.

Trata-se, pois, de trilhar um caminho difícil, porém necessário, capaz de fortalecer garantias e direitos fundamentais, com os pés firmemente estabelecidos na realidade do presente, mas sem perder a

---

[14] FERRAJOLI, Luigi. *Direito e razão*: teoria do garantismo penal. São Paulo: RT, 2006, p. 318.

[15] Sobre o tema: *A eficiência como critério de otimização da legitimidade do direito penal e seus desdobramentos em processo penal*. WEDY, Miguel Tedesco. Tese de Doutoramento na Faculdade de Direito da Universidade de Coimbra. Protocolada em 2011 e defendida e aprovada com Distinção, por unanimidade, em 30 de janeiro de 2013.

capacidade de manter antigas conquistas e de olhar para o futuro, com os desafios que se apresentam ante o direito penal e o processo penal dos tempos atuais.

O caminho não será fácil, conforme se referiu, ante aquela visão que está enraizada em boa parte do pensamento jurídico-penal. Observemos, por exemplo, o que escreveu Laborinho Lúcio acerca do projeto de revisão do Código de Processo Penal de Portugal: "o projecto de revisão caminha ao arrepio dos próprios tempos, acentuando a vertente dos direitos individuais, nomeadamente no que respeita aos direitos da defesa, em detrimento da eficácia e das soluções a esta vulgarmente ligadas".[16] Essa visão, numa dimensão mais lata, tende a vislumbrar o manancial de garantias constitucionais como mero obstáculo para a realização da justiça. As garantias colocadas como um impeditivo para a afirmação da justiça e do próprio Estado Democrático de Direito. Uma visão que, talvez, mesmo sem intenção, acaba por significar uma forma de fragilização de garantias e de desconsideração de fórmulas essenciais para um processo penal acusatório e autenticamente democrático.[17]

Como referiu Costa Andrade, o momento atual e as últimas reformas legislativas se caracterizam, essencialmente, pela "redução e neutralização de garantias de defesa; multiplicação, em número e em potencial de lesividade e devassa, dos meios institucionalizados de intromissão nos direitos fundamentais; deslocação das linhas de equilíbrio normativo do lado da liberdade, da autonomia e da dignidade, para o lado da segurança; do lado da justiça da 'superioridade ética do Estado' (EB Schmidt), para o lado da eficácia e da *Funktionstütikeit der Strafrechtspflege*; do arguido para a ordem, a reafirmação da validade das normas e, aqui e ali, os interesses da vítima. Este é seguramente um dos *metacodes* centrais que facilmente se poderá referenciar por detrás da generalidade das novas soluções normativas no domínio do

---

[16] LÚCIO, Laborinho. "Processo penal e consciência colectiva". In: MONTE, Mário Ferreira *et al.* (org.). *Que futuro para o direito processual penal?* Coimbra: Coimbra Editora, 2009, p. 148.

[17] E aí não podemos esquecer, mais uma vez, as afirmações de Figueiredo Dias, lembrando Henkel e João Mendes, de que o direito processual penal nada mais é do que "direito constitucional aplicado" (Henkel) e de que "As leis do processo são o complemento necessário das leis constitucionais; as formalidades do processo são actualidades das garantias constitucionais" (João Mendes), para concluir que "Daqui resultam, entre outras, as exigências correntes: de uma estrita e minuciosa regulamentação legal de qualquer indispensável intromissão, no decurso do processo, na esfera dos direitos do cidadão constitucionalmente garantidos; de que a lei ordinária nunca elimine o núcleo essencial de tais direitos, mesmo quando a Constituição conceda àquela lei liberdade para os regulamentar de proibição de provas obtidas com violação da autonomia ética da pessoa, mesmo quando este consinta naquela". DIAS, Jorge de Figueiredo. *Direito processual penal*. Coimbra: Coimbra Editora, 2004, p. 74-75.

processo penal".[18] Eis um fato inegável, a tendência de apequenamento de garantias, sob o pretexto de combater novas formas de criminalidade. Tudo isso, como se a criminalidade mais grave, a que mais afeta aquela relação onto-antropológica de cuidado de perigo, não fosse ainda aquela criminalidade mais tradicional, com a violação da vida, da integridade física, da liberdade e do patrimônio das pessoas.

Deve-se, portanto, fazer uma distinção entre uma eficiência "ideal" e a eficiência meramente instrumental pretendida pelos tempos atuais. A primeira há de ser vista dentro do contexto que expressamos, numa unidade de sentido equilibrada pela busca da justiça e da paz jurídica, temperada pela função de proteção dos bens jurídicos, o que é próprio de uma concepção mais liberal. Outra é aquela eficiência meramente instrumental e que repercute, de forma direta, no processo penal, uma eficiência própria de um sistema jurídico despreocupado com certas garantias que foram conquistadas com sacrifícios e adversidades, quando não com o próprio sangue dos cidadãos. Essa eficiência pretende vulgarizar garantias em detrimento do "combate à corrupção e ao crime", de forma a "reduzir a criminalidade" e a "sensação de impunidade".

Trata-se de uma fortíssima e sedutora ideia que credita à eficiência funcional ou instrumental a redução da criminalidade e a celeridade processual. Na verdade, a realidade demonstra que, de forma paralela e, talvez, mais forte, o que se diminui é a pletora de garantias que deveria ser a característica fundamental de um Estado Democrático de Direito no século XXI, e não a criminalidade, bastando para isso se observarem as taxas de encarceramento e, contraditoriamente, as taxas de criminalidade do Brasil, já referidas. O que se vê, de fato, é uma explosão da intervenção penal em certas áreas, com a contínua despreocupação penal em outras áreas, tudo agravado pela utilização do processo penal como um mecanismo sem densidade valorativa, sem cerne, de forma fraca e pobre do ponto de vista das garantias fundamentais.

No entanto, em que pese a capacidade de sedução desse pensamento, próprio do senso geral comum, é preciso entender que uma ideia assim não tende a dar equilíbrio ao sistema jurídico-penal. Ao contrário, uma ideia assim causa ainda mais impunidade, pois impulsiona o descumprimento de formalidades processuais que possuem razão de existência e que objetivam dar racionalidade e ponderação

---

[18] ANDRADE, Manuel da Costa. "Métodos ocultos de investigação (*plädoyer* para uma teoria geral)". In: MONTE, Mário Ferreira *et al.* (org.). *Que futuro para o direito processual penal?* Coimbra: Coimbra Editora, 2009, p. 528.

ao sistema. Essa ideia de processo penal acaba por gerar um conflito pontual dentro das controvérsias judiciais, expondo a ausência de densidade das discussões jurídicas, posto que não se aplica muitas vezes o conteúdo de garantias constitucionais e, tampouco, enfrenta-se com veemência as violações de normas legais e o *deficit* de aplicação do texto constitucional. Via de regra, quanto mais esse discurso está impregnado na atividade jurisdicional, mais garantias são violadas, principalmente nas instâncias iniciais de julgamento, por magistrados mais sensíveis aos apelos populares e mediáticos. Como resultado, o que se tem é um *deficit* de garantias. Um *deficit* que resulta em processos expeditos e prontos, mas que não se legitimam do ponto de vista dos princípios e da Constituição, motivo pelo qual acabam anulados ou extintos, em determinadas situações. E isso acaba por resultar num aumento da sensação de impunidade, ao menos para o senso geral comum, pois se tem a sensação de que os tribunais superiores julgam de forma mais tênue e fraca, quando, na verdade, estão a cumprir a sua razão de existência, de zelar pela uniformidade da jurisprudência e pelo respeito à Constituição. O papel que se lhes cabe não é o de realizar "justiçamentos" ou de atender ao clamor popular, muitas vezes, os maiores inimigos da Justiça e da Eficiência. Mas, sim, o de fazer justiça dentro dos limites da Constituição. E tudo isso é deletério para a democracia, pois se passa a ver o conteúdo das garantias fundamentais como um mecanismo de impedimento da aplicação da justiça, quando o que ocorre é justamente o contrário, o conteúdo das garantias existe para dar legitimidade e eficiência à justiça e a sua aplicação.

Trata-se, pois, de uma inversão acerca da ligação entre eficiência, justiça e garantias. Na prática, muitas vezes o que se depreende é a ideia de que as garantias impedem a afirmação da justiça, barram condenações criminais e repelem a aplicação de penas, tornando ineficientes sanções penais e à afirmação do direito. Uma inversão completa dessa relação. Na realidade, só se alcança justiça de fato com uma decisão que respeita garantias. Assim haverá uma decisão justa e legítima e, por conseguinte, uma decisão eficiente, que observou ou recompôs uma relação onto-antropológica de cuidado de perigo, procurou proteger um bem jurídico com densidade penal e atingiu aquela finalidade da justiça ou paz social, a partir de uma ideia de ponderação, equidade, equilíbrio, medianidade. A questão processual necessita ser reordenada, sob pena de sermos os responsáveis pela estruturação de um processo penal que, sob o manto da busca da verdade e da justiça, nada mais faça do que praticar a injustiça, ao desrespeitar garantias fundamentais e desconsiderar uma ideia saudável de eficiência. Não é e não pode ser tal o nosso compromisso, sob pena de perversão de todos aqueles valores e garantias que nos foram legados com sacrifícios, lutas e adversidades. Não podemos implementar ou manter um processo penal que seja o carrasco de garantias conquistadas após grandes asperezas e dificuldades.

Por isso, entendemos que essa hélice tríplice formada pela eficiência, justiça, garantias, deve estar em equilíbrio.[19] Ainda que se trate de um equilíbrio frágil, há de haver equilíbrio. Um equilíbrio que esteja atento, sempre, para essas ideias que não podem ser separadas, sob pena de enfraquecimento da legitimidade do processo penal.

Isto é, sem garantias não haverá justiça e eficiência legítima, sem justiça não há eficiência, sem eficiência não há garantias ou justiça. E, sem garantias, eficiência e justiça, não há legitimidade dentro do contexto de um Estado democrático de Direito. Por certo que haverá aqui algum reparo, capaz de opor ou advertir que esse equilíbrio não será fácil. Por certo que não. Embora as garantias estejam expressas nas normas e nas Constituições democráticas, a sua implementação prática dependerá, por certo, da capacidade dos tribunais de institucionalizarem juridicamente o texto constitucional e infraconstitucional. Dependerá da capacidade de se vislumbrar a eficiência a partir daquela ideia onto-antropológica, capaz de robustecer garantias. Dependerá de uma ideia de justiça como equilíbrio, como ponderação garantista, como equidade, como razoabilidade, como medianidade. Não é fácil, pois, esse equilíbrio. No entanto, ele é fundamental para a construção de um processo penal legítimo. E, importa ressaltar, esse equilíbrio não será feito de pesos iguais entre a justiça, a eficiência e as garantias.

Isso em razão de que não há justiça sem garantias. Uma decisão justa sem o respeito pelas garantias perde a legitimidade. E, aqui, não falamos da legitimidade popular, o anseio do povo, a fome e a sede de Justiça. Não. Essa justiça, desprovida de forma, de ponderação e de racionalidade, não raro é a própria vingança travestida de ideário nobre. Num Estado Constitucional e Democrático de Direito, a justiça judicial não se há de fazer sem formas. O contrário é a burla e a opressão. Assim, para que um processo seja eficiente e justo, ele não poderá prescindir de garantias. De garantias, que são autênticas conquistas de um Estado Democrático de Direito e que não podem ser desprezadas. Falamos, assim, da presunção de inocência, da ampla defesa, do contraditório, do devido processo legal, da intimidade e da privacida-

---

[19] A expressão *hélice tríplice* não é nossa, mas o tomamos emprestado de Henry Etzkowitz, na sua obra *Universidade-indústria-governo, inovação em movimento*. ETZKOWITZ, Henry. *Universidade--indústria-governo, inovação em movimento*. Porto Alegre: EdiPucrs, 2009.

de e do sigilo profissional, do direito ao silêncio, da oralidade, da publicidade. Tais garantias não devem ser desprezadas sob o pretexto de alcançar a verdade e a justiça a qualquer preço. Na realidade jurisdicional, entretanto, não é raro que, sob a afirmação da "proporcionalidade", boa parte dessas garantias estejam a ser violadas e diminuídas concretamente. Aí se dá um contrassenso, pois justamente pela ideia de "proporcionalidade e ponderação" se está a decidir de forma não razoável e imponderada, fragilizando-se garantias em nome da comodidade da investigação, numa inversão absoluta dos valores processuais, ficando o conteúdo das garantias fundamentais em segundo plano.

A realidade que nenhum sistema é capaz de esconder é que vem sendo uma constante, nos ordenamentos jurídicos de Portugal e Brasil, um certo desfalecimento dessas garantias, em razão de um incremento acentuado das prisões cautelares (especialmente no Brasil), das interceptações telefônicas, das quebras de sigilo, da introdução de meios de investigação invasivos, bem como da ideia forte de inexistência de nulidades sem o reconhecimento de prejuízos concretos. E esses desfalecimentos vêm gerando mais e mais impunidade, em razão da insegurança jurídica decorrente da restrição desarrazoada de garantias. Estamos a tratar, pois, do ponto mais saliente e relevante dessa tríade, sem o qual justiça e eficiência não subsistem. Importa, pois, mostrar que num contexto assim, de um sistema que objetiva a justiça e a paz jurídica de forma eficiente, impõe-se como fundamental e preponderante, a ideia de garantias. A garantia dá estabilidade ao sistema. Por seu maior peso, a garantia há de ser preservada num patamar mais altaneiro, ainda que uma decisão que a preserve custe uma postergação da justiça, da verdade e da paz. Isso em razão de que não haverá paz e justiça sem o respeito pela formalidade racional e essencial das garantias. Com isso, não estamos a propor o absolutismo de princípios constitucionais. Não. O que estamos a propor é a refutação da relativização absoluta dos princípios como se tem visto na prática judicial desses países, o que está expresso na relativização da presunção de inocência, da intimidade, do contraditório, da ampla defesa, do devido processo etc. Só desse modo é que os direitos e garantias fundamentais serão preservados.

Na atualidade, uma certa compreensão de compensação e sopesamento dos princípios vem esgaçando o conteúdo das garantias, mormente em razão de um tremendo apelo da mídia e de uma tendência populista do legislador penal. As garantias, assim, passam de uma condição de estabilizadoras do sistema, para meros obstáculos. Numa perspectiva psicológica, o *superego* representado pelas garantias vem sendo esmagado pelo *id* da justiça, num desequilíbrio que vem se estabilizando no sentido da refutação e da fragilização de princípios fundamentais. Um caminho que se sabe como começa, mas não se sabe onde poderá terminar, ainda mais numa sociedade esquecida dos sacrifícios do passado para o alcançamento dessas mesmas garantias.

Mas, se tudo isso é verdade, não se pode esquecer de que o sistema penal e processual penal deverá ter uma eficiência mínima e republicana, com órgãos de investigação e acusação independentes e equidistantes, com magistrados que preservem a sua imparcialidade e distribuam a justiça num tratamento igualitário das partes. Assim, um sistema ineficiente, que esqueça a busca da justiça e da paz jurídica, que descambe pela ausência de proteção dos bens jurídicos mais relevantes na seara penal, não é um sistema legítimo, pois não encontrará nem respaldo democrático e popular para se manter hígido e tampouco resguardo constitucional, já que a justiça é um fim fundamental de um direito democrático. Da mesma forma, esse processo penal deverá ter sempre no seu norte a busca da justiça e da paz jurídica, sem desconsiderar das garantias, da relevância e da densidade dos bens jurídicos, da relação onto-antropológica de cuidado de perigo. Haverá, assim, eficiência nesse sistema. Ou, ao menos, uma prática que se alberga também numa eficiência legítima, com um fundamento claro, uma função específica e uma finalidade íntegra. Portanto, o fim do processo também é alcançar a justiça e a paz jurídica. Afastando-se por completo dessa ideia, o processo passa a ser também um instrumento de proteção de determinadas parcelas da sociedade, capazes de construir uma plêiade de leis processuais penais que impossibilitem ou obstaculizem, por completo, a realização da justiça. E isso também não se pode permitir, pois então se deixa escapar a ideia de justiça e de paz jurídica, decaindo a eficiência do próprio sistema processual.

Por fim, a justiça se apresenta como um fim absolutamente necessário e legítimo do direito penal e do próprio processo penal. Mas não uma justiça a qualquer preço. Uma justiça desabrida, demagógica, populista, eleitoreira e esquecida da razão. Uma justiça que não é justiça, mas mero "justiçamento". Não se fará justiça, como já se referiu, sem respeito pela garantias e tampouco será fácil alcançar a justiça sem eficiência. A justiça, como foi visto, aquela ideia de decisão razoável, ponderada, equilibrada, serena, construída de forma equitativa, não se realiza sem um processo com garantias plenas, asseguradas na Lei e na prática judicial. Por certo que, aqui e ali, a busca da justiça obrigará a restrição de garantias, mas que isso não seja uma carta branca para a generalização das restrições da liberdade antes do trânsito em julgado, para a introdução de meios invasivos de prova como regra, para a perversão absoluta da intimidade como primeiro mecanismo da investigação, muitas vezes, com base em depoimentos anônimos e muito menos para a adoção de interpretações redutoras das garantias conquistadas com sacrifícios históricos. Que a justiça se alcance num processo eficiente, respeitador das garantias, ponderado e racional.

Por conseguinte, essa noção de hélice tríplice nos parece capaz de mover, com equilíbrio, o sistema processual penal. É bem verdade que, nessa relação entre justiça, eficiência e garantias, devem preponderar as últimas. Sem garantias não haverá decisão justa num processo eficiente. Ao contrário, haverá aí um gravíssimo *deficit* de legitimidade, que tenderá, cada vez mais, a se aprofundar, agudizando o cerceamento das liberdades e a destruição da intimidade e da vida privada. Essa, assim quer nos parecer, lamentavelmente, é uma tendência dos pueris tempos atuais. Uma tendência de fragilização de garantias. Como referimos, essa tendência aprofundará, cada vez mais, a insegurança jurídica do sistema e inclusive reforçará um ciclo criminoso decorrente do aumento da carcerização, mormente para as populações mais desassistidas.

Não se desconsidera que tal equilíbrio não será fácil, mormente em razão de uma pugna constante entre o anseio de liberdade e a vontade de justiça e segurança. Como diz Flávia Loureiro, quando se trata do processo penal, "por um lado, a sua actuação é exigida, e com graus de celeridade e eficiência até aí não pensáveis sequer, em campos para os quais, na grande maioria das vezes, não está preparado para agir, nem é fácil fazê-lo sem interferir na esfera da liberdade de cada um; por outro, é chamado a consegui-lo, ainda assim, com respeito por um núcleo intangível de direitos e liberdades que não pode suportar-se ver afectado, sob pena de se descaracterizar o próprio Estado de Direito".[20]

Esse embate é uma constante inegável, mas que não podemos apartar em extremos inconciliáveis e totalmente dissonantes. A liberdade só se preserva num contexto de justiça e segurança jurídica, com

---

[20] LOUREIRO, Flávia Noversa. "A (i)mutabilidade do paradigma processual penal respeitante aos direitos fundamentais em pleno século XXI". In: MONTE, Mário Ferreira *et al.* (org.). *Que futuro para o direito processual penal?* Coimbra: Coimbra Editora, 2009, p. 272. Também entendendo o problema básico do processo penal como o equilíbrio entre a eficiente repressão e a garantia dos Direitos Humanos dos arguidos, sejam culpados ou inocentes, leia-se MADLENER, Kurt. "Meios e métodos para alcançar-se no processo penal as metas de 'prazo razoável' e de 'celeridade'. Observações a respeito da Justiça Alemã". In: MONTE, Mário Ferreira *et al.* (org.). *Que futuro para o direito processual penal?* Coimbra: Coimbra Editora, 2009, p. 646 Ainda, segundo Kurt Madlener, inúmeros instrumentos estão a surgir para diminuir o número de demandas criminais, tais como o arquivamento de feitos com ou sem imposição de condições, julgamentos abreviados em razão da confissão etc. Ibid., p. 645-670.

garantias e respeito aos princípios fundamentais do direito penal e do direito processual penal. A liberdade atinge aí a sua maturidade, num contexto assim, com garantias, com justiça, que gera responsabilidade, estabilidade, constância. E a segurança, por sua vez, possui relevância e legitimidade num contexto de liberdade, de forma que tais questões estão imbricadas, posto que ajudam a nortear o que é certo e o que é o errado para o ordenamento jurídico, indicando onde estará a justiça e a injustiça.

A diferença é que aqui se procura estruturar um sistema equilibrado que fomente a ação simultânea da eficiência, da justiça e das garantias, com preponderância para as últimas.

Não se trata, assim, de um mero equilíbrio entre liberdade e defesa social,[21] mas, sim, de estruturar uma noção que atente para todas

---

[21] Nesse sentido, parece argumentar Scarance Fernandes: "São dois os direitos fundamentais do indivíduo que interessam especialmente ao processo criminal: o direito à liberdade e o direito à segurança, ambos previstos no *caput* do art. 5º da CF. Como decorrência deles, os indivíduos têm direito a que o Estado atue positivamente no sentido de estruturar órgãos e criar procedimentos que, ao mesmo tempo, lhes provenham segurança e lhes garantam a liberdade. Dessa ótica, o procedimento a ser instituído, para ser obtido a um resultado justo, deve proporcionar a efetivação dos direitos à segurança e à liberdade. Em outros termos, o direito ao procedimento processual penal consiste em direito a um sistema de princípios e regras que, para alcançar um resultado justo, faça atuar as normas do direito repressivo necessárias para a concretização do direito fundamental à segurança, e assegure ao acusado todos os mecanismos essenciais para a defesa de sua liberdade. De maneira resumida, um sistema que assegure eficiência com garantismo, valores fundamentais do processo penal moderno". FERNANDES, Antônio Scarance. "Reflexões sobre as noções de eficiência e de garantismo no processo penal". In: FERNANDES, Antônio Scarance; ALMEIDA, José Raul Gavião de; MORAES, Maurício Zanóide de (orgs.). *Sigilo no processo penal, eficiência e garantismo*. São Paulo: Revista dos Tribunais, 2008, p. 9-10. Na mesma linha: GRINOVER, Ada Pellegrini. *O processo em evolução*. Rio de Janeiro: Forense, 1996. Não se pode deixar de apontar, como relevante, a distinção de Scarance Fernandes acerca da "eficiência do processo" daquela "eficiência no processo penal". Assim, segundo Scarance Fernandes, a "eficiência no processo ou eficiência da relação jurídica leva em conta principalmente a eficiência na atuação dos sujeitos processuais, ou seja, a eficiência na atuação do juiz, do promotor ou querelante, do acusado e de seu defensor. Já a eficiência dos atos que o compõem, quando vistos principalmente na sequencia que devem seguir". Já no que diz respeito àquela eficiência correlata à finalidade do processo, existiriam três posicionamentos. Um "atribui ao processo penal a finalidade de assegurar a defesa do acusado. Sustenta que, historicamente, o processo penal se afirmou como instrumento necessário para evitar que se impusesse a alguém uma pena sem que pudesse defender-se. Seria, então, eficiente o processo que assegurasse ao acusado os meios para o exercício de sua defesa, de modo a impedir condenações injustas. Para outra corrente, a finalidade do processo é permitir aos órgãos da persecução a apuração da verdade e a punição dos autores de infrações penais. Essa posição dá maior predominância à acusação do que à defesa do acusado, pois eficiente seria o processo que permitisse aos órgãos da persecução penal a apuração dos fatos criminosos e a condenação dos seus autores. Finalmente, terceira posição entende que a finalidade do processo penal é a obtenção de um resultado justo que se legitime pelo procedimento adequado. Deve equilibrar as posições das partes, sem dar predominância a qualquer delas, procurando compensar eventuais desigualdades naturais ou jurídicas entre elas. Eficiente, nessa ótica, é o processo justo que assegure a ambas as partes os exercícios de seus direitos e as proteja com as garantias constitucionais". Ibid., p. 24-25. Sem esquecer que, para Scarance Fernandes, a eficiência no processo penal "é a capacidade de um ato, de um meio de prova, de um meio de investigação, de gerar o efeito que dele se espera". Ibid., p. 25. Em que pese a respeitabilidade desses posicionamentos, não podemos concordar com o

essas questões sem deixar de colocar sempre à frente a noção de garantias. Colocar a noção de garantias num patamar inferiorizado pode ser o primeiro passo para um sistema invertido e fraco do ponto de vista dos direitos fundamentais da pessoa humana. Sem contar que, a médio e longo prazos, essas tendências de fragilização de garantias tendem a se vulgarizar, de forma a tornar uma regra aquilo que deveria ser uma exceção, como uma prisão cautelar, uma interceptação telefônica, uma quebra de sigilo, por exemplo.

E, com o máximo respeito, não é isso o que se almeja. O que o presente estudo almeja e pretende é demonstrar como a eficiência pode repercutir de forma densa sobre o processo penal, assegurando justiça, preservando garantias e tornando mais eficiente e legítimo o sistema em que estamos a trabalhar.

---

fato de que a eficiência se veja nesses prismas. Para nós, não cansamos de repetir, ela há de ser vista numa unidade de sentido entre as ideias de justiça, paz jurídica, proteção de bens jurídicos e manutenção ou refazimento da relação onto-antropológica de cuidado de perigo. O que repercute também sobre o processo penal, no instante em que a eficiência deve também ser vista num contexto de equilíbrio com a justiça e com as garantias.

2. A transformação histórica das prisões cautelares

A importância do estudo histórico sobre as medidas cautelares pessoais é inegável. A consciência do período histórico permite compreendê-las sem preconceitos, sem divorciá-las da realidade em que foram criadas e subsistiram. Ademais, sabe-se que toda a sociedade está em constante processo de mudança, o que demanda a necessidade de compreensão de seus ordenamentos jurídicos conforme o momento histórico. A consciência do período histórico deve resultar no exame equilibrado e ponderado sobre aquela realidade momentânea, cujas relações sociais estabeleceram determinado sistema ou ordenamento jurídico.[22]

A antiguidade desconhecia a privação de liberdade como sanção penal. Até o final do século XVIII, a prisão tinha servido apenas como finalidade de custódia, ou seja, contenção do acusado até a sentença e execução da pena. Nessa época, não existia uma verdadeira pena, pois as sanções se esgotavam com a morte e com penas corporais e infamantes. A prisão, em verdade, teve inicialmente a função de lugar de custódia e tortura.[23]

Somente na Idade Moderna, com o aumento dos núcleos urbanos, com o crescimento da miséria, do desemprego em massa – legiões de mendigos e de delinquentes – , é que a privação de liberdade passou a ter conteúdo de sanção criminal.[24]

---

[22] Tal como Bobbio o fez muitas vezes, aqui se fala de sistema como sinônimo de ordenamento jurídico. BOBBIO, Norberto. *Teoria do Ordenamento Jurídico*. 10. ed. Tradução Maria Leite dos Santos. Brasília: UNB, 1999, p. 71ss.

[23] LOPES JÚNIOR, Aury. *Sistemas de Instruccion Preliminar en los Derechos Español y Brasileño (Con Especial Referencia a la Situacion del Sujeto Pasivo del Proceso Penal)* Tese de Doutoramento na Universidad Complutense de Madrid. Madrid: 1999, p. 36.

[24] GIACOMOLLI, Nereu José. *Juizados Especiais Criminais*. 2. ed. Porto Alegre: Livraria do Advogado, 2002, p. 58.

Antes, as prisões serviam para custodiar os delinquentes, os quais aguardavam no cárcere somente até a execução da pena, exceção encontrada nas prisões eclesiásticas.[25]

No Direito hebreu não havia prisão preventiva, pois o acusado era preso só após ser conduzido ao tribunal para se defender e ser julgado. Além disso, na legislação mosaica ninguém podia ser preso ou condenado pelo testemunho de uma só pessoa.[26]

Na antiga Grécia, em decorrência da igualdade entre acusador e acusado, a regra era a liberdade durante o julgamento, ainda que, por vezes, tivesse de ser sustentada pela caução.[27] Os heliastas, membros do mais importante tribunal grego, afirmavam, segundo Demóstenes no discurso contra Timócrates: nenhum cidadão ateniense poderá ser preso antes de condenado, se por ventura três cidadãos do seu senso se responsabilizarem pelo seu comparecimento em juízo.[28]

Em Roma, a prisão preventiva estava entre as primeiras medidas coercitivas à disposição do Estado.

Nos primórdios de Roma, ainda era utilizada a citação qualificada, que acarretava a detenção do acusado, o que o tornava réu de outro crime, devido ao modo recalcitrante de seu comportamento. De salientar que tal detenção podia ser transformada em prisão preventiva, existindo cadeias públicas para a execução da medida, quando não era admitida a fiança (*vades publici*) ou a guarda de particulares (*custodia libera*), tudo ao arbítrio do juiz.[29]

Posteriormente, passou-se a delegar aos tribunais permanentes as funções de caráter repressivo chamadas *quaestiones perpetuae*. Nesse período, os cidadãos romanos deviam comparecer livres perante a

---

[25] BITENCOURT, Cezar Roberto. *A Falência da Pena de Prisão*, p. 23-27.

[26] ALMEIDA JÚNIOR, João Mendes de. *O Processo Criminal Brasileiro*. Rio de Janeiro: Freitas Bastos, 1920, p. 16-21.

[27] Ibidem, p. 25 e 26. De ressaltar que a liberdade durante o julgamento era garantida para os cidadãos gregos, mas não, para a população em geral. O caráter limitado da democracia na antiga Grécia é didaticamente demonstrado pelo historiador Voltaire Schiling: 'Estimativas calculam que sua população, no apogeu da cidade (Atenas), nos séculos V-IV A C., dificilmente ultrapassava 400 mil habitantes: 130 mil cidadãos (thétes), 120 mil estrangeiros (métoikion) e 120-130 mil escravos (andrapoda). A sociedade ateniense vivia em parte do trabalho dos escravos, sendo esses estrangeiros, visto que, desde os tempos das leis de Sólon (cerca de 594 a.C.), gregos não podiam escravizar gregos...As mulheres, independentemente de sua classe social ou origem, encontravam-se afastadas da vida pública. A grande parte da população, dessa forma, não participava dos destinos públicos, estimando-se que os direitos de cidadania estavam à disposição, no máximo, de 30-40 mil homens, mais ou menos um décimo da população total" (SCHILLING, Voltaire. *As Grandes Correntes do Pensamento, Da Grécia Antiga ao Neoliberalismo*. 2. ed. Porto Alegre, AGE, 1999, p. 17).

[28] BARROS, Romeu de Campos. Op. cit., p. 290.

[29] BARROS, Romeu de Campos. Op. cit., p. 67.

Justiça, em respeito ao princípio da igualdade entre defesa e acusação.[30] A prisão preventiva, portanto, só era aceita nos casos de crime contra o Estado, flagrante ou confissão.

Com a ascensão do Império, a jurisdição retornou para as mãos do magistrado, mediante a *extraordinaria cognitio*, sob três formas: *in carcelum, milite tradictio* e *custodia libera*. O arbítrio do juiz era a balança de justiça da medida cautelar e eram considerados os haveres, a reputação e a dignidade do imputado, além da gravidade do crime. Ou seja, para a aplicação das medidas cautelares eram necessários indícios graves de culpabilidade, bem como a ocorrência de crime grave.[31]

O momento histórico de Roma ocasionou a mitigação do princípio geral de que "todo cidadão romano devia ficar em liberdade até o julgamento". Contudo, os lidadores do Direito, preocupados com a possível profusão de medidas cautelares pessoais, limitaram o prazo da prisão, regulamentando a prisão das mulheres, as visitas e o amparo das autoridades aos presos.[32]

Campos Barros,[33] citando De Lucca, refere que os romanos "fizeram uso limitadíssimo da prisão preventiva". Porém, fizeram uso irrestrito da liberdade vigiada (*custodia libera*), menos gravoso que a prisão cautelar.[34]

Assim, em Roma, a prisão tinha caráter nitidamente instrumental e cautelar, no entendimento de Marques,[35] referindo-se à máxima de Ulpiano: *carcer ad continendos homines non ad puniendos*.

Para os anglo-saxões, a partir da Magna Carta de 1215, no seu art. 39, nenhum indivíduo podia ser preso ilegal ou arbitrariamente.[36]

Em 1628, Carlos I foi obrigado a ratificar o *Petition of Right* que o Parlamento lhe apresentara, proibindo as malfadadas *lettres de cachet*, que se consubstanciavam no poder ilimitado do soberano de prender os indivíduos. A partir de então, toda pessoa deveria ser libertada se,

---

[30] BARROS, Romeu de Campos. Op. cit., p. 67.

[31] ZAVALETA, Arturo. *La prision preventiva y la libertad provisoria*. Buenos Ayres: Arayú, 1954, p. 13-19.

[32] ALMEIDA JÚNIOR, João Mendes de. Op. cit., p. 343.

[33] CAMPOS BARROS, Romeu de. Op. cit., p. 68.

[34] Até os cúmplices de Catilina permaneceram soltos, sob guarda de fiadores, *in liberis custodus*. Ibidem, p. 290.

[35] MARQUES, José Frederico. *Elementos de Direito Processual Penal*. Campinas: Bookseller, 1997. v. IV, p. 38.

[36] Como refere René David, o princípio acima contido, no art. 39 não era acompanhado por nenhuma sanção, permanecendo como letra morta até o advento da dinastia Stuart. DAVID, René. *O Direito Inglês*. São Paulo: Martins Fontes, 1997, p. 78.

num processo de *habeas corpus* impetrado contra quem a detivesse, o guardião não justificasse que seu prisioneiro estava encarcerado regularmente e conforme a lei.[37]

Assim, permite-se vislumbrar as diferenças abissais entre os institutos garantidores da liberdade no Direito continental e no Direito anglo-saxão.

Na Idade Média, houve uma forte relação entre a Igreja e o Estado.[38] Ou seja, produziu a correlação entre assuntos de ordem espiritual e temporal.[39]

Não há como negar que o direito canônico, imiscuído em questões temporais, influenciou fortemente a transformação da prisão em castigo ou pena, com o isolamento em calabouço, "para a salvaguarda moral dos presos e com o fito também de levar o condenado, com a inatividade obrigatória, a purificar sua alma".[40]

Por conseguinte a prisão canônica, que fortaleceu a noção de "pena medicinal" com o objetivo de levar o pecador ao arrependimento, foi um importante antecedente da prisão moderna.

O período medieval marcou profundamente a história penal, pois dele resultaram influências ainda presentes no processo penal hodierno, que serão analisadas no momento oportuno. No período medieval, a cautela penal igualou-se à citação do juiz. A diferença entre o sistema acusatório romano e o sistema inquisitorial medieval se robustecia justamente nesse particular, na peculiaridade da prisão como antecedente fundamental para se conquistar a "rainha das provas", a confissão, pelos métodos cruéis descritos no terrível Manual dos Inquisidores.[41]

---

[37] DAVID, René. Op. cit., p. 78.

[38] Ibidem, p. 39.

[39] Contudo, convém repetir, acerca da Inquisição, a lição de João Bernardino Gonzaga, citado por Geraldo Prado: "As censuras apresentadas contra a Inquisição giram, invariável e incansavelmente, em torno das idéias de intolerância, prepotência, crueldade; mas, ao assim descrevê-la, os críticos abstraem, ou referem muito de leve, o ambiente em que ela viveu. Forçam por tratá-la como um acontecimento isolado e, medida pelos padrões da atualidade, se torna incompreensível e repulsiva para o espectador de hoje. Sucede, porém, que esse fenômeno foi produto da sua época, inserido num clima religioso e em certas condições de vida, submetido à força dos costumes e de toda uma formação cultural e mental, fatores que forçosamente tiveram de moldar o seu comportamento". PRADO, Geraldo. *Sistema Acusatório – A Conformidade Constitucional das Leis Processuais Penais*. Rio de Janeiro: Lumen Juris, 1999, p. 89.

[40] LE BRAS, Gabriel, citado por MARQUES, José Frederico. *Elementos de Direito Processual Penal*. Campinas: Bookseller, 1997, v. IV, p. 38.

[41] EYMERICH, Nicolau. *Manual dos Inquisidores*. Rio de Janeiro: Rosa dos Ventos, 1993. Leonardo Boff, na introdução da obra de Eymerich, sintetiza: "A confissão é tudo na Inquisição, não as provas, contrariamente ao senso do direito universal, pois, sabemos, a confissão podia ser extorquida por coação".

Geraldo Prado refere que no período inquisitorial "a prisão durante o processo torna-se regra, firme na tese de que todo acusado obstaculiza a investigação da verdade".[42]

Com as Ordenações Afonsinas, como lembra Almeida Júnior,[43] surgiram dispositivos proibitórios de prisões por simples querelas ou denúncias, "a menos que seja tanto achado de feito que mereça ser preso, salvo se mostrar logo feridas abertas e sanguentas e laidamento no corpo" e "só depois de querela jurada e testemunhas nomeadas".

Nas Ordenações Manoelinas, eram declarados expressamente os casos que mereciam prisão, antes das informações das testemunhas, casos em que a prisão se verificava mediante querela jurada pelos querelantes, sem sumário, conforme o Livro V, título 42, princ. e § 18.

Já nas Ordenações Filipinas, é interessante ressaltar, acerca das prisões cautelares, o Livro V, título 117, § 12:

> E posto que seja querelado por querela perfeita, os julgadores não prendam por ela, até contra os querelados ser tanto provado, por que mereçam ser presos.
> E mostrando-se pelas ditas testemunhas tanto, por que deva ser preso ("o que ficará em arbítrio do julgador"), o prenda com toda diligência.

Almeida Júnior,[44] citando Vanguerve, ressalta que, segundo as regras da Lei da Reformulação da Justiça, de 6 de dezembro de 1612, ninguém podia ser preso antes da culpa formada, exceto nos casos que, provados, merecessem pena de morte natural os indiciados nos crimes. Ainda assim, tal prisão não era obrigatória, pois a lei utilizava a palavra "poderão, a qual implica poder e não necessidade, principalmente em matéria tão grave, como é proceder a prisão sem proceder sumário conhecimento de culpa".

Assim, depreende Campos Barros que na legislação colonial a prisão preventiva era sempre facultativa e também constituía exceção, somente admitida, antes da culpa formada, nos casos graves, devendo-se formar a culpa em oito dias.[45]

A história, porém, não é estanque, e mesmo durante o período dos tribunais da Inquisição, o ocidente assistiu à erupção dos ideais

---

[42] *Sistema Acusatório – A Conformidade Constitucional das Leis Processuais Penais*. Rio de Janeiro: Lúmen Júris, 1999, p. 90.
[43] ALMEIDA JÚNIOR, João Mendes de. Op. cit., p. 346.
[44] Ibidem, p. 346.
[45] BARROS, Romeu de Campos. Op. cit., p. 71.

iluministas, a partir de pensadores como Rousseau,⁴⁶ Montesquieu, Voltaire,⁴⁷ Locke,⁴⁸ e do Marquês de Beccaria,⁴⁹ entre outros, responsáveis pela profusão das ideias de liberdade, igualdade e tolerância.

Como referiu Foucault,⁵⁰ este momento propiciou uma nova mentalidade:

> O momento em que se percebeu ser, segundo a economia do poder, mais eficaz e mais rentável vigiar que punir. Este momento corresponde à formação, ao mesmo tempo rápida e lenta, no século XVIII e no fim do XIX, de um novo tipo de exercício de poder.

Com o tempo, as ideias iluministas vibraram por várias partes do Mundo, até serem vitoriosas em 1776,⁵¹ na Virgínia, e em 1789, na Revolução Francesa.⁵²

---

⁴⁶ "Se quisermos saber no que consiste, precisamente, o maior de todos os bens, qual deva ser a finalidade de todos os sistemas de legislação, verificar-se-á que se resume nestes dois objetivos principais: a liberdade e a igualdade". ROUSSEAU, Jean-Jacques. *Do Contrato Social ou Princípios do Direito Político* São Paulo: Abril Editora, 1978. Coleção Os Pensadores, p. 66.

⁴⁷ Cabe anotar as assertivas do mestre da ironia que explicitam bem o caráter libertário e iluminista de suas ideias: "O que é a tolerância? É o apanágio da humanidade"..."Comumente não há comparação alguma a fazer entre o crime dos grandes, sempre ambiciosos, e os crimes do povo, que somente quer e sempre quis a liberdade e a igualdade. Estes dois sentimentos, liberdade e igualdade, não conduzem diretamente à calúnia, à rapina, ao assassinato, ao envenenamento, à devastação das terras dos seus vizinhos etc., porém, a grandeza ambiciosa e o desejo imoderado do poder provocam todos esses crimes em todos os tempos e em todos os lugares". AROUET (VOLTAIRE), François Marie. *Cartas Inglesas ou Cartas Filosóficas.* São Paulo: Abril, 1978, Coleção Os Pensadores, p. 146; 290.

⁴⁸ Principalmente nas obras acerca dos tratados sobre o governo civil: *Segundo Tratado Sobre o Governo Civil e Carta sobre a Tolerância.* 2. ed. Petrópolis: Vozes, 1999.

⁴⁹ Sobre o Marquês de Beccaria, pode ser realçada a seguinte opinião sobre a prisão: "Prisão é pena que, por necessidade, deve, diversamente de todas as outras, ser precedida da declaração do delito...o clamor público, a fuga, a confissão extrajudicial, o depoimento do companheiro ofendido, as ameaças e a constante inimizade com o ofendido, o corpo de delito e indícios semelhantes são provas suficientes para prender o cidadão, mas tais provas devem ser enumeradas pela lei e não pelo juiz, cujos decretos são sempre opostos à liberdade política, quando não sejam proposições particulares de uma máxima geral, existente no código público". Deve-se reafirmar, mais uma vez, a importância do pensamento de Beccaria para a humanização do direito penal e para a efetiva construção de um critério de proporcionalidade na aplicação da pena, *in verbis*: "Toda pena, que não derive da absoluta necessidade, diz o grande MONTESQUIEU, é tirânica, proposição esta que pode ser generalizada: todo ato de autoridade de homem para homem que não derive da absoluta necessidade é tirânico". BECCARIA, Cesare. *Dos Delitos e das Penas.* São Paulo: Revista dos Tribunais, 1996, p. 28; 98.

⁵⁰ FOUCAULT, Michel. Op. cit., p. 130.

⁵¹ Foram tão fortes as influências de Locke sobre americanos, principalmente Jefferson, Madison e Samuel Adams, que Jefferson foi acusado de ter copiado a Declaração de Direitos de Virgínia do "Tratado sobre o governo". Na introdução aos tratados sobre o governo civil, GOUGH, J. W. *Segundo Tratado sobre o Governo Civil e Carta sobre a Tolerância.* 2. ed. Petrópolis: Vozes, 1999, p. 40.

⁵² Em verdade, foi na Inglaterra, e não na França, que as liberdades públicas foram mais cedo protegidas contra o despotismo do soberano. A Inglaterra, segundo René David, nunca reconheceu a Declaração Dos Direitos Do Homem, pois o espírito de seu povo não o leva a declarações

O art. 9º da Declaração Universal dos Direitos do Homem e do Cidadão foi taxativo:

Todo homem, sendo presumido inocente até que seja declarado culpado, se for decidido que é indispensável prendê-lo, todo rigor que não seja necessário para a segurança de sua pessoa deve ser severamente reprimido pela lei.

No alvorecer do século XIX, portanto, já se discutia abertamente, pela influência das ideias iluministas, a legitimidade da prisão provisória ou preventiva, fundamentalmente pelas ideias de Carrara e Luchini.[53]

Este, em síntese, era o panorama das prisões cautelares no Brasil quando de sua independência.[54]

Em 1822, quando o jovem regente Dom Pedro proclamou a Independência, o processo penal e, particularmente, a prisão cautelar, eram regidos pelas Ordenações Filipinas, já referidas. O caráter liberal do Imperador Pedro I, porém, não impediu que o mesmo dissolvesse a Assembleia Nacional Constituinte.

A Constituição de 1824, outorgada pelo jovem Imperador, possuía caráter liberal, e consagrou o princípio da presunção de inocência. Além disso, previa, de forma exemplar, a abolição dos açoites, da tortura, da marca de ferro quente, além do princípio da personalidade da pena, proibindo o confisco e a declaração de infâmia dos parentes

---

de princípios, tendo em vista à organização de normas processuais eficazes para defender e salvaguardar as liberdades fundamentais. A forma democrática de governo na Inglaterra foi, anteriormente à Declaração francesa, balizada por leis como a Magna Carta, *Bill Of Rights e Habeas Corpus Act*. Ou seja, mais relevante do que uma declaração solene de direitos era a efetiva proteção de tais direitos por intermédio de ações judiciais específicas. DAVID, René. Op. cit., p. 78.

[53] Luchini cita trecho dramático de Filangieri acerca da prisão: "Deixai por um instante a tranqüilidade de vossos gabinetes, as douradas comodidades de vossas casas, mandai que voz conduzam ao escusso labirinto que leva àqueles subterrâneos onde a luz do dia não penetra nunca e onde jaz sepultado, não o inimigo da pátria, não o traidor ou o sicário, não o violador das leis, mas o cidadão inocente que um acusador encapuçado caluniou. Se as trevas daquele antro, se os gemidos tristes e contínuos que dali partem, se os hálitos pestíferos que de lá se exalam não vo-lo impedem, ordenai que se abram as portas desse túmulo. Aproximai-vos do espectro que nele mora. Fazei que um raio de luz voz permita aos olhos verem o palor de morte que se manifesta em seu rosto, os insetos asquerosos que lhe fazem companhia, aquela palha apodrecida que talvez tenha substituído o leito em que, em outros tempos, abraçou a esposa, deu filhos à sociedade e passou noites tranqüilas sob a proteção daquelas mesmas leis que depois o privaram de usa-lo.". Ainda assim, Filangieri admitia a prisão com última necessidade. *Apud* TORNAGHI, Hélio. Op. cit., p. 1071.

[54] Sobre o Brasil, é dever referir a realidade existente no período pré-colonial e colonial concernente aos regramentos indígenas. Os guaranis, por exemplo, organizados num sistema classificado por Clóvis Lugon de República Comunista Cristã, tendo em vista a influência dos jesuítas, edificaram uma ordem no qual o "homem presumivelmente culpado era conduzido ao juiz, sem correntes nem algemas de espécie alguma, por muito grave que fosse o delito. Nenhuma pena era aplicada arbitrariamente ou sem prévio inquérito. Cada caso, mesmo pouco importante, era conscienciosamente estudado. As testemunhas eram ouvidas e acareadas". LUGON, Clóvis. *A República Comunista Cristã dos Guaranis*. Rio de Janeiro: Paz e Terra, 1977, p. 93.

dos réus, sem contar a punição para a prisão arbitrária (art. 179, §§ 8º e 10):

> Ninguém poderá ser preso sem culpa formada, exceto nos casos declarados em lei. A exceção do flagrante delito, a prisão não pode ser executada senão por ordem escrita da autoridade legítima. Se esta for arbitrária, o juiz que a deu e quem a tiver requerido, serão punidos com as penas que a lei determinar.[55]

Em 1832, após a abdicação de Dom Pedro I, surge o Código de Processo Criminal do Império, paradigma para muitos códigos de outras nações americanas e até europeias. A lei processual previa, no seu art. 175:

> Poderão também ser presos sem culpa formada os que forem indiciados em crimes, em que não tem lugar fiança; porém nestes, e em todos os mais casos, à exceção do flagrante delito, a prisão não pode ser executada, senão por ordem escrita da autoridade legítima.

Explicando os objetivos das prisões cautelares, o Conselheiro Paula Pessoa, em 2 de janeiro de 1865, comentou o art. 175 do Código de Processo Criminal do Império, anotando que as mesmas eram permitidas com o fito de "evitar que a futura pena da lei venha a ser ilidida em sua execução, pela fuga do provável réu". Ou seja, entendia a prisão por seu caráter instrumental.

A estabilidade atingida pelo sistema político do 2º Império, alicerçada no Poder Moderador, projetava o fecundo e livre debate acerca de temas jurídicos referentes à liberdade do cidadão.[56] O literato e senador José de Alencar, em célebre passagem, deixou gravado nos anais do Congresso a seguinte manifestação:

> Prender um indivíduo, embora indiciado em crime inafiançável, mas que não "tenciona fugir", é uma iniquidade, é um abuso da faculdade que a Constituição deu ao Poder Executivo.[57]

Sobre o período monárquico, anote-se ainda o Decreto 4.824, de 22 de setembro de 1871, que admitiu ao promotor, queixoso ou delegado representar, solicitando a prisão preventiva ao juiz, sendo facultado a este decretá-la de ofício. Assim, vê-se, mais uma vez, o caráter inquisitorial da legislação do referido período.

---

[55] Além disso, a Constituição outorgada por Dom Pedro I previa, no seu art. 179, XXI: "cadeias serão seguras, limpas e bem arejadas, havendo diversas casas para a separação dos reos, conforme suas circunstâncias e natureza de seus crimes". DOTTI, René Ariel. Textos Antigos; Crise Permanente. In: *Revista Brasileira de Ciências Criminais*, RT, n. 21, p. 209-210, jan.-mar. 1998.

[56] Não se pode esquecer, contudo, da chaga da escravidão, uma mácula ignóbil na história do Brasil que jamais será devidamente reparada.

[57] ALMEIDA JÚNIOR, João Mendes de. Op. cit., p. 360.

A ordem constitucional é parcialmente mantida em 1891, após a Proclamação da República, e é feita formalmente a separação entre Igreja e Estado, além de ser garantida a autonomia para que os Estados legislassem sobre matéria processual.

Com a autorização para que os Estados legislassem sobre matéria processual, o Código de Processo Penal do Estado do Rio Grande do Sul é feito pela pena de Borges de Medeiros,[58] que logo governaria o Estado por longos vinte e cinco anos, com breves interrupções.

O Código gaúcho previa, no seu art. 194:

> A ordem de prisão preventiva deve ser expedida: a) no caso de homicídio ou lesão pessoal gravíssima, salvo se estes fatos são justificáveis ou cometidos casualmente; b) nos atentados à propriedade, quando as penas excedam de quatro anos de prisão celular; c) se o indiciado, durante a formação da culpa, pratica novo delito, ameaça a parte ofendida ou tenta corromper ou intimidar as testemunhas.

O caráter imperativo da prisão, previsto no código rio-grandense, foi repelido pelo Supremo Tribunal Federal, que declarou inconstitucionais tais disposições, pois conflitantes com outras de âmbito federal, fiéis aos princípios da necessidade e conveniência.[59]

Em 1934, após o movimento revolucionário de 1930, é promulgada a nova Constituição.

A nova Carta previa, no seu artigo 113, n° 21:

> Ninguém será preso senão em flagrante delito, ou por ordem escrita da autoridade competente, nos casos expressos em lei. A prisão ou a detenção de qualquer pessoa será imediatamente comunicada ao juiz competente, que a relaxará se não for legal, e promoverá, sempre que de direito, a responsabilidade da autoridade coatora.

E no n° 22:

> Ninguém ficará preso, se prestar fiança idônea, nos casos por lei estatuída.

Com o golpe de 1937, Getúlio Vargas outorgou nova Constituição, de perfil autoritário. A referida Carta Constitucional previa certas garantias:

> À exceção do flagrante delito, a prisão não poderá efetuar-se senão depois da pronúncia do indiciado, salvo os casos determinados em lei e mediante ordem escrita da

---

[58] O próprio Júlio de Castilhos refere o fato: "Confiei à orientação republicana e ao saber jurídico do Desembargador Borges de Medeiros a confecção de um projeto adequado às instituições estadoaes, o qual será talvez ultimado em novembro próximo". Referia-se o "patriarca do Rio Grande" ao Código de Processo Penal feito por Borges de Medeiros, no acolhimento de sua Fazenda do Irapuá, tendo recebido o epíteto, nos meios forenses, de "Código de Irapuá". ALMEIDA, João Pio de. *Borges de Medeiros – subsídios para o estudo de sua vida e de sua obra*, Porto Alegre: Livraria do Globo, 1928, p.39.

[59] Nenhum outro Estado da federação adotou disposições semelhantes às do Rio Grande do Sul, já fortemente influenciado pelas ideias positivistas de Augusto Comte. BARROS, Romeu de CAMPOS. Op. cit., p.175;176.

autoridade competente. Ninguém poderá ser conservado em prisão sem culpa formada, senão pela autoridade competente em virtude de lei e na forma por ela regulada; a instrução criminal será contraditória, assegurada antes e depois da formação da culpa, as necessárias garantias de defesa (art. 122, nº 11).

Assim, no período ditatorial, foram extirpadas as garantias da comunicação da prisão e da fiança,[60] somente restabelecidas com a Constituição democrática de 1946.

Portanto foi num período totalitário que passou a vigorar o atual Código de Processo Penal, a partir das contribuições de Cândido Mendes de Almeida, Florêncio de Abreu, Narcélio de Queiroz, Nelson Hungria, Roberto Lyra e Vieira Braga, inspirado no Código Rocco fascista.

Em 24 de janeiro de 1967, passou a vigorar a Carta Constitucional imposta pelo regime castrense, que depois foi significativamente alterada por inúmeras emendas.

A Constituição de 1967, com as alterações devidas, ficou com o seguinte texto:

> Ninguém será preso senão em flagrante delito ou por ordem escrita da autoridade competente. A lei disporá sobre a prestação de fiança. A prisão ou detenção de qualquer pessoa será imediatamente comunicada ao juiz competente, que a relaxará, se não for legal.

Embora em tese estivessem assegurados os mesmos direitos da Constituição democrática de 1946, na prática, como registra a história, o período militar, estribado na Carta acima referida, atropelou, usurpou e solapou os direitos fundamentais, principalmente por meio de prisões ilegais para a obtenção da confissão, em geral sob tortura, como chegou a admitir o ex-presidente Ernesto Geisel nas suas memórias.[61]

A Constituição Federal de 1988 tratou de forma pormenorizada a prisão e os institutos que a cercam no art. 5º, dispondo que ninguém será privado da liberdade ou de seus bens sem o devido processo legal (inc. LIV); ninguém será considerado culpado até o trânsito em

---

[60] Na biografia de Austregésilo de Athayde, presidente por várias décadas da Academia Brasileira de Letras, jornalista e intelectual defensor da liberdades individuais, um dos redatores e idealizadores da Declaração Universal dos Direitos Humanos, faz-se referência a manifesto enviado por diretores de jornais cariocas ao presidente Getúlio Vargas, protestando contra prisões ilegais: "...reduzidos a uma condição inferior de tutelados, de agentes de responsabilidade menor na vida pública; sujeitos a vexames e ameaças que não raro se têm concretizado em violências e iniqüidades, entre as quais a que menos conta é a prisão e detenção sem justificativa...". SANDRONI, Cícero e SANDRONI, Laura Constância A. de A. *Austregésilo de Athaíde – O Século de Um Liberal*. Rio de Janeiro: Agir, 1998. p 385.

[61] D'ARAÚJO, Maria Celina; CASTRO, Celso (org.). *Ernesto Geisel*. 3. ed. Rio de Janeiro: Fundação Getúlio Vargas, 1997, p. 224.

julgado de sentença penal condenatória (inc. LVII); ninguém será preso senão em flagrante delito ou por ordem escrita da autoridade judiciária competente, salvo nos casos de transgressão militar ou crime propriamente militar, definidos em lei (inc. LXI); a prisão de qualquer pessoa e o local onde se encontre serão comunicados imediatamente ao juiz competente e à família do preso ou pessoa por ele indicada (inc. LXII); o preso será informado de seus direitos, entre os quais o de permanecer calado, sendo-lhe assegurada a assistência da família e de advogado (inc. LXIII); o preso tem direito à identificação dos responsáveis por sua prisão ou por seu interrogatório policial (inc. LXIV); a prisão ilegal será imediatamente relaxada pela autoridade judiciária (inc. LXV); ninguém será levado à prisão ou nela mantido, quando a lei admitir liberdade provisória, com ou sem fiança (inc. LXVI); não haverá prisão civil por dívida , salvo a do responsável pelo inadimplemento voluntário e inescusável de obrigação alimentícia e a do depositário infiel (inc. LXVII); conceder-se-á *habeas corpus* sempre que alguém sofrer ou se achar ameaçado de sofrer violência ou coação em sua liberdade de locomoção, por ilegalidade ou abuso de poder (LXVIII); o Estado indenizará o condenado por erro judiciário, assim como o que ficar preso além do tempo fixado na sentença (inc. LXXV).

Não há dúvida de que o rol de proteções formalmente assegurado ao indivíduo foi alargado pela Magna Carta. Entretanto, a garantia formal não logrou êxito em incidir na realidade fática, tendo em vista a exigência social de rapidez e pronta resposta contra os desviantes.

3. Teoria das prisões cautelares

3.1. A universalização, constitucionalização e instrumentalidade do processo penal

O homem, como é notório, é um ser coexistencial, capaz de sobreviver apenas com a interação, o intercâmbio e a troca de experiências. Ocorre, porém, que a pessoa humana atua sempre na busca de bens, concretos ou não, existentes em quantidade insuficiente na sociedade. A pessoa humana age, portanto, premida por suas necessidades. A ordem de cooperação espontânea, referida por Hayek,[62] não foi e nem será capaz de atender todas as demandas do homem. Por conseguinte a ambição humana, a sua insaciável vontade de conquista, acaba por gerar os conflitos intersubjetivos de interesses.

Como salienta Guasp,[63] o conflito intersubjetivo vem caracterizado como uma colisão de atividades entre os diversos membros da comunidade, ou seja, como uma incompatibilidade exteriorizada entre várias atitudes dinâmicas assumidas pelas partes que dão lugar ao conflito.

Porém, a sociedade não poderia assistir inerte à resolução sobre tais conflitos, o que se daria pela vindita, pela defesa privada, em síntese, pela opressão do mais forte sobre o mais fraco. Daí a necessidade da constituição do Estado, como ente detentor do monopólio da justiça, capaz de decidir sobre os conflitos existentes. O que se espera do Estado, portanto, é que ele não evite apenas a destruição da sociedade pela defesa privada, mas transforme-a, atuando de forma a buscar a plena liberdade dos indivíduos e a máxima igualdade possível.[64]

---

[62] HAYEK, F. A. *Arrogância Fatal, os erros do socialismo*. Porto Alegre: Ortiz, 1995, p. 21.

[63] DELGADO, Jaime Guasp. La pretensión Procesal. In: ARAGONESES ALONSO, Pedro (coord.). *Estudos Jurídicos*. Madrid: Civitas, 1996, p. 582.

[64] A igualdade de que aqui se trata é a igualdade de armas e das partes, ou seja, a igualdade de oportunidades e de tratamento no processo penal. A sociedade democrática, contudo, não pode igualar os cidadãos pela força, mas pela oportunidade.

O processo penal, assim, faz parte de um sistema judiciário, por sua vez espécie do sistema constitucional, derivado do sistema político,[65] e deve guardar coerência com o direito penal e com o próprio sistema constitucional. O legislador, ao erigir um sistema processual, está limitado por disposições constitucionais. A Constituição é, pois, um complexo normativo ao qual deve ser assinalada a função da verdadeira lei superior do Estado, quer porque ela é fonte de produção quer porque lhe é reconhecido um valor normativo hierarquicamente superior que faz dela um parâmetro obrigatório de todos os atos.[66]

Como salienta Bobbio[67]:

> (...) a norma fundamental é o critério supremo que permite estabelecer se uma norma pertence a um ordenamento; em outras palavras, é o fundamento de validade de todas as normas do sistema.

Além disso, pode-se afirmar, de forma insofismável, que o legislador e o jurista, por um critério externo de limitação, estão constritos também por disposições universais de direito penal e de direito processual penal. A sustentação de um sistema processual democrático, garantidor das liberdades civis, está estribada, por conseguinte, não só na Constituição do país, como também nas cartas universais referentes aos direitos humanos.[68]

Trata-se, não se pode negar, de uma busca de fundamentos positivos de âmbito internacional, como tentativa de estabelecer regras mínimas universais protetoras dos direitos humanos.[69]

A interpretação conforme os regramentos constitucionais e universais protetores dos direitos humanos não pode ser, portanto, uma opção, mas um dever do operador do direito.

Assim, na lição de J. Goldschmidt:

> los principios de la política procesal de uma nación no son otra cosa que segmentos de su política estatal en general. Se puede decir que la estructura del proceso penal

---

[65] PRADO, Geraldo. Op. cit., p.63.

[66] CANOTILHO, J. J. Gomes. *Direito Constitucional e Teoria da Constituição*. Coimbra: Almedina, 1998, p. 784.

[67] BOBBIO, Norberto. Op. cit., p. 62.

[68] Para Montero Aroca, o direito processual penal deve internacionalizar os mesmos princípios e garantias que fundam as declarações e os pactos de proteção dos direitos humanos. Referido por WUNDERLICH, Alexandre. Por um Sistema de Impugnações no Processo Penal Constitucional Brasileiro: Fundamentos para (Re)Discussão. In: *Escritos de Direito e Processo Penal em Homenagem ao Professor Paulo Cláudio Tovo*. Rio de Janeiro: Lumen Júris, 2002, p. 41.

[69] Para Bobbio, o universalismo jurídico ressurge hoje como a vontade de constituir um Direito Positivo único, não contra o positivismo jurídico, com um retorno à ideia de um Direito natural revelado à razão, mas pelo desenvolvimento, até o limite extremo, do positivismo jurídico, isto é, até a constituição de um direito positivo universal. BOBBIO, Norberto. Op. cit., p. 165.

de una nación no es sino el termómetro de los elementos corporativos o autoritarios de su Constitución.[70]

Em virtude do exposto, pode-se afirmar que o processo penal está assentado num complexo de sistemas concêntricos, que se autossustentam, assim como ocorre com todos os institutos processuais, como as cautelares pessoais. A ligação entre processo penal e prisão, via de consequência, é umbilical. Não pode haver prisão sem expressa previsão legal, sem autorização formal advinda do Poder Legislativo, eleito conforme os princípios e regramentos democráticos, limitado, como referido outrora, por disposições constitucionais e universais.

Em consequência, não pode haver prisão sem que ocorra, *pari passu*, um processo ou uma investigação preliminar, exceto nos casos de prisão em flagrante.[71] Nos demais casos, deverá ocorrer sempre, seja no período de investigação preliminar, seja no decurso processual, uma ordem judicial, plenamente fundamentada e respeitadora dos preceitos e princípios garantidores das liberdades individuais.

O processo se configura não apenas como um instrumento para a aplicação da pena, mas, fundamentalmente, como um dique ante o abuso de poder, o exercício arbitrário do monopólio de jurisdição ou do direito de punir do Estado. Sem processo penal não haverá justiça legítima.

Dessa forma, não se pode negar o caráter instrumental do processo. Mas isso não significa um relativismo em relação ao processo penal. Na verdade, não pode haver a aplicação da pena sem o prévio processo, que é o instrumento colocado à disposição do Estado para exercitar o seu direito de punir ou o seu poder de penar, o que significa também uma forma de limitação de poder e de aplicação da Justiça.

Contudo é no próprio conceito de instrumentalidade que está o primeiro problema acerca da efetividade do processo, mormente quando se trata do processo penal.

Para Barbosa Moreira,[72] a problemática essencial da efetividade do processo e que serve de ponto de partida para situar um dos mais graves problemas do processo é: o que se entende por instrumentalidade?

---

[70] GOLDSCHMIDT, James. *Problemas Jurídicos y Políticos del Proceso Penal*. Barcelona: Bosch, 1935, p. 67.

[71] A cautelaridade da prisão em flagrante é discutível e polêmica, razão pela qual será analisada no tópico que trata das prisões em espécie na legislação brasileira. Sobre o tema, leia-se o artigo de LOPES JÚNIOR, Aury. Crimes Hediondos e a Prisão em Flagrante como Medida Pré-Cautelar. In: *Revista de Estudos Criminais*, n. 03, p. 73-84, 2001.

[72] MOREIRA, José Carlos Barbosa. Notas sobre a efetividade do processo. In: *Revista Ajuris*, n. 29, nov. 1983, p. 77ss.

A instrumentalidade do processo busca equilibrar a disfunção entre o superpoder do Estado e o direito de liberdade do indivíduo. É uma espécie de ego do processo e serve de filtro entre os impulsos estatais de punição, que representariam o *id*, e os anseios de liberdade, que representariam o superego.

Como refere Aury Lopes Júnior,[73] estribado em Rangel Dinamarco:

> A instrumentalidade do processo penal é o fundamento de sua existência, mas com uma especial característica: é um instrumento de proteção dos direitos e garantias individuais. É uma especial conotação de caráter instrumental e que só se manifesta no processo penal, pois trata-se de instrumentalidade relacionada ao Direito Penal, à pena, às garantias constitucionais e aos fins políticos e sociais do processo. É o que denominamos de instrumentalidade garantista.

Dessa forma, o processo alcança uma perspectiva instrumental, embora não possa estar desapegado da ideia de justiça, produzindo não só efeitos jurídicos, mas também sociais e políticos. O processo, portanto, deve ser entendido como o manto protetor capaz de obstar os vilipêndios aos direitos fundamentais, como mecanismo de tutela, não apenas preocupado em buscar a paz social, mas sim em fazer Justiça e equilibrar o "jogo dialético existente entre a Soberania do Estado e os Direitos Humanos".[74]

Portanto, deve ser repelida a equivocada visão de primazia do Estado sobre o indivíduo, pois o processo é um instrumento não só para a aplicação da pena, mas também um meio de obstar os abusos estatais.

Outro não é o entendimento de Aragoneses Alonso,[75] pois refere que "tiene el Estado el deber de proteger al proprio delincuente", como forma de garantir os direitos civis.

Também se deve atentar para a lição de Beling:[76]

> El gran problema del proceso es que se ignora previamente si se está ante un culpable o un inocente. Por esto, el procedimiento debe estar organizado tanto con miras a otorgar al Estado poderes sobre el indivíduo como a proteger a éste, para lo cual debe concederse cierto predominio al pensamiento liberal-individualista de proteción de la inocencia.

---

[73] LOPES JÚNIOR, Aury. O Fundamento da Existência do Processo Penal: A Instrumentalidade Garantista. In: *Revista da Ajuris*, n. 76, p. 209, 1999.

[74] GIACOMOLLI, Nereu José. Op. cit., p. 59.

[75] ARAGONESES ALONSO, Pedro. *Instituciones de Derecho Procesal Penal*. 5. ed. Madrid: Rubi Artes Gráficas, 1984, p. 7ss.

[76] BELING, Ernst. *Derecho Procesal Penal*. Trad. Miguel Fenech. Barcelona: Labor, 1943, p. 234.

Assim, o processo deve prevenir e evitar os abusos estatais, os vilipêndios à cidadania, as agressões às garantias fundamentais, a produção desenfreada, por exemplo, de penas antecipadas pela adoção das medidas cautelares pessoais.

Bobbio[77] também alicerça o entendimento que limita o poder estatal, pois anota que nas relações entre indivíduo e Estado se deve privilegiar o primeiro, pois o Estado não é um fim em si mesmo, mas um meio que tem como fim a tutela da pessoa humana, de seus direitos fundamentais de liberdade e segurança coletiva.

Assim, a instrumentalidade do processo deve ser também uma barreira de proteção ao acusado, de maneira a buscar a real e verdadeira paridade de armas entre acusação e defesa, geradora da efetiva igualdade entre as partes.[78]

3.2. Conceito e objeto das medidas cautelares pessoais

O conceito de medida cautelar pessoal varia conforme a compreensão do autor do que seja efetivamente a medida cautelar, bem como em razão do seu objeto.

Em virtude disso, devem ser referidos alguns conceitos sobre as medidas cautelares pessoais.

Para Hélie, "la prisión preventiva es, a la vez, una medida de seguridad, una garantía de ejecución de la pena, y un medio de instrucción".[79]

---

[77] Prólogo da obra de Ferrajoli, *Derecho y Razón*, p. 18.

[78] Sobre paridade de armas e princípio da igualdade, cabe referir a lição de Vicente Gimeno Sendra sobre o posicionamento do Tribunal Constitucional de Espanha e do Tribunal Europeu de Direitos Humanos (TEDH): "La doctrina del TC parece mantener una buena dosis de ambigüedad ... después de afirmar que 'ya se há señalado que el principio de igualdad de partes em el proceso no deriva del artículo 14 de la CE sino del artículo 24' declara que'dicho principio existe, y com alcance constitucional, como consecuencia de la consagración del derecho de defensa'".
"El TEDH, por su parte, entiende que dicho principio se encuentra genéricamente recogido en el derecho a un proceso equitativo del artículo 6. 1ª. Convenio Europeo de Derechos Humanos (caso Neumeister, S 27 junio 1968, Delcourt, 17 de enero de 1970) y específicamente, en matéria probatoria, en el artículo 6.3,d (asunto Engel, S 8 de junio 1976, 91, Bonisch, S 6 mayo 1986, asunto Unterpentinger, y decisión Comisión, 11 de octubre 1984, "requete" 9120/80.
La doctrina alemana (Botticher, Blomeyer, Stein-Jonas...), finalmente, configura al principio de "igualdad de armas" (Waffengleichheit) como una manifestación, en la esfera del proceso, del principio general de "igualddade todos los ciudadanos ante la ley". GIMENO SENDRA, Vicente; MORENO CATENA, Vitor; CORTÉZ DOMÍNGUEZ, Valentim. *Derecho Procesal Penal*. 3. ed. Madrid: Colex, 1999, p. 74.

[79] *Apud* ZAVALETA, Arturo. Op. cit., p. 58.

Carrara, de sua parte, via a prisão como uma necessidade de justiça, a fim de aplicar a lei penal. Manzini, por sua vez, a qualificava como uma medida de segurança processual.[80]

Como foi referido, a cautelar pessoal é o instrumento do instrumento. Diante disso, as prisões cautelares podem ser conceituadas como as medidas que têm por objeto a proteção do sereno e seguro desenrolar do processo e do proficiente direito de punir ou *jus puniendi*, na esteira de Aragoneses Martinez.

Porém, o primeiro dilema para a efetiva construção de uma teoria geral das prisões cautelares é definir qual o seu objeto, qual *o ponto de convergência de uma (determinada) atividade*.

A medida cautelar, como referiu Calamandrei,[81] é o instrumento do instrumento, é o meio utilizado para que o processo chegue a bom termo:

> A tutela cautelar é, em comparação ao direito substancial, uma tutela mediata: mais do que fazer justiça, serve para garantir o eficaz funcionamento da justiça. Se todos os procedimentos jurisdicionais são um instrumento de direito substancial que, através destes, se cumpre, nos procedimentos cautelares verifica-se uma instrumentalidade qualificada, ou seja, elevada, por assim dizer, ao quadrado: estes são de fato, infalivelmente, um meio predisposto para o melhor resultado do procedimento definitivo, que por sua vez é um meio para a aplicação do direito; são portanto, em relação à finalidade última da função jurisdicional, instrumentos do instrumento.

A medida cautelar pessoal, por conseguinte, possui um caráter puramente instrumental, como meio de garantir o eficaz deslinde do processo, até que o mesmo atinja o seu zênite, com a sentença.

Daí por que o objeto das medidas cautelares é a efetiva garantia do normal desenvolvimento do processo e, portanto, a eficaz aplicação do direito de punir.

Na lição de Aragoneses Martinez:

> Las medidas cautelares son, pues, actos que tienen por objeto garantizar el normal desarollo del proceso y, por tanto, la eficaz aplicación del jus puniendi. Este concepto confiere a las medidas cautelares la nota de instrumentalidad, em cuanto son médios para alcanzar la doble finalidad arriba apuntada.[82]

Tal entendimento também é sustentado por Aury Lopes Júnior, ao referir que:

---

[80] ZAVALETA, Arturo. Op. cit., p. 55ss.

[81] CALAMANDREI, Piero. *Introdução ao Estudo Sistemático dos Procedimentos Cautelares*. Campinas: Servanda, 2000, p. 42.

[82] ARAGONESES MARTINEZ, Sara, *et al*. *Derecho Procesal Penal*. Madrid: Centro de Estúdios Ramon Areces, 1996, p. 387.

As medidas cautelares de natureza processual penal buscam garantir o normal desenvolvimento do processo ao, por exemplo, possibilitar a prisão do acusado para a garantia de sua presença na instrução ou determinar a prestação de fiança (que busca garantir o pagamento das custas do processo) ou garantia do objeto material do processo, em síntese, a segurança da execução da pena, através de medidas como a prisão provisional, que garante a presença do réu para sofrer as conseqüências da pena imposta na sentença.[83]

Em consequência do expendido, a medida que não tenha por objeto a defesa efetiva do instrumento chamado processo, não possui caráter cautelar, pois prescinde de objeto comum às medidas cautelares.

3.3. Requisito e fundamento das prisões cautelares: do equivocado paralelismo entre processo civil e processo penal

Antes de ser desconstruído o pensamento tradicional acerca das prisões cautelares, de seu requisito e de seu fundamento, deve-se relembrar, brevemente, a lição de alguns doutrinadores que defendem uma teoria geral entre o processo civil e o processo penal.

Para Afrânio Jardim,[84] umas das mais salientes características do processo penal hodierno seria a adoção de uma posição unitária.

Frederico Marques[85] também defendeu a unidade da teoria geral do processo:

> O processo, como instrumento compositivo do litígio, é um só, quer se trate de uma lide penal, quer quando focalize uma lide não penal.
> Instrumento de atividade jurisdicional do estado, o processo não sofre mutações substanciais quando passa do campo da justiça civil para aquele da justiça penal. Direito Processual Penal e Direito Processual Civil são divisões de um mesmo ramo da Ciência do Direito, que é o Direito Processual. E isto porque o processo, em sua essência, é um só, tanto na jurisdição civil como na jurisdição penal.

Também Guasp[86] teceu considerações sobre a unidade entre processo civil e processo penal:

---

[83] LOPES JÚNIOR, Aury. Medidas Cautelares no Direito Processual Penal Espanhol. In: *Revista da Ajuris*, n. 69, p. 152-153.
[84] JARDIM, Afrânio Silva. *Direito Processual Penal*. 5. ed. Rio de Janeiro: Forense, 1995, p. 355.
[85] MARQUES, José Frederico. *Tratado de Direito Processual Penal*. São Paulo: Saraiva, 1980. v. I, p. 48-49.
[86] GUASP, J. Op. cit., p. 27 e 28.

> La pluralidad de tipos procesales señalados no destruye, sin embargo, la unidad conceptual de figura procesal, la cual, fundamentalmente, sigue siendo idéntica en cada una de sus ramas.
> Existe, pues, una verdadera unidad fundamental del proceso. Todos sus tipos respondem al mismo concepto.
> Se ha discutido mucho, no obstante, en torno a la unidad de los tipos procesales civil y penal. Realmente, si se partiera para definir el proceso de la idea del conflito o de la actuación del derecho (sobre todo del derecho subjetivo), la unificación resultaria difícil. Pero, no asi arrancando de la idea de la satisfacción de pretensiones, la cual existe con el mismo carácter en el proceso civil y en el proceso penal.

Em que pese o respeito por tal posicionamento, é preciso atentar que o processo penal lida com o direito mais sensível da pessoa humana, o direito de liberdade, razão pela qual uma transposição pura e simples de conceitos do processo civil, decorrentes de uma visão unitária do processo, pode trazer graves consequências.

O processo penal não pode ser visto apenas como uma guerra entre as partes, mas como uma forma de garantir a paz social por intermédio do *decisum* judicial, uma forma de acertar a situação contenciosa e evitar o instintivo desejo de vingança privada.

Não se trata de negar o caráter dualístico e conflituoso do processo penal, porquanto é absolutamente certo que as partes devem apresentar suas provas, suas razões, de forma dialética e democrática. Também o magistrado acaba sendo contaminado por tal concepção. Ao invés de ser um garantidor da eficácia do sistema de garantias da parte mais débil da relação processual, seja o réu, o condenado, o suspeito ou o sujeito passivo da prisão cautelar, acaba por ser juiz inquisidor, decretando de ofício medidas cautelares pessoais.

Portanto, grande problema ocorre na tentativa de criação de uma teoria geral do processo, buscando a união entre os processos civil e penal, mormente quando se trata de cautelares pessoais. Embora se exija, de forma genérica, uma efetiva situação cautelanda em ambos os casos, não há como negar a diferença abissal entre os objetos atingidos pelas cautelares civil e penal.

Ora, confundir os interesses protegidos num processo civil com aqueles protegidos no processo penal é um equívoco crasso. O processo penal, por sua natureza, tutela interesses públicos, já o processo civil responde aos interesses privados, embora também se configure como uma garantia pública e estatal de resolução dos conflitos.

Os discursos jurídicos que defendem uma teoria geral do processo desvirtuam o processo penal, enfraquecem-no, o que pode gerar consequências desastrosas, como bem salienta Adauto Suannes.[87]

Para Salo de Carvalho:

> Na concepção unitária *de processo*, o conceito de lide penal contrapõe as pretensões do Estado (*ius puniendi*) e do réu (*status libertatis*). Assim, "o conteúdo conflitivo do processo desnuda as funções instigadas pela defesa social".[88] Já na concepção garantista, existem dois interesses públicos, "o da liberdade do cidadão e a necessidade de acertar o caso para a contenção da vontade privada de vingança".[89]

É fundamental que se tenha uma efetiva concepção garantista de jurisdição, que busque a evitação da vingança privada e a proteção dos direitos fundamentais.

Em síntese, num processo penal garantista, sem a contaminação de impróprias concepções civilistas e defensivistas, mais do que uma guerra entre partes, o que se verifica é um processo acusatório de caráter publicístico, mantenedor das garantias do acusado, jamais o colocando na condição de inimigo moral da sociedade.

Assim, a transposição pura e simples de teorias e conceitos próprios do processo civil para o processo penal pode trazer terríveis consequências. Este posicionamento é sustentado por inúmeros doutrinadores, a começar por J. Goldschimdt,[90] que ressalva a existência de seriíssimas complicações no paralelismo entre processo penal e processo civil.

Na lição de J. Goldschmidt,[91] o fenômeno processual civil difere, de forma acentuada, do fenômeno processual penal, já que "la pena se impone un proceso, porque es una manifestación de la justicia y porque el proceso es el camino de la misma; y la jurisdicción penal es la antítesis de la jurisdicción civil, porque ambas representam las dos ramas de la justicia establecidas ya por Aristóteles".

Em outras palavras, a jurisdição civil representa uma justiça distributiva, enquanto a jurisdição penal apresenta caráter corretivo ou repressor.

---

[87] "A unificação do processo, defendida por tantos autores, pode levar, porém, a um tipo de raciocínio equivocado, de conseqüências desastrosas". SUANNES, Adauto. *Os fundamentos éticos do devido processo penal*. São Paulo: RT, 1999, p. 136.

[88] CARVALHO, Salo de. *Garantismo e Sistema Carcerário: crítica aos fundamentos e à execução da pena privativa de liberdade no Brasil*. Tese de Doutorado. Curitiba: UFPR, 1999, p. 274.

[89] Ibidem, p. 277

[90] GOLDSCHMIDT, J. Op. cit., p. 8.

[91] GOLDSCHMIDT, J. Op. cit., p. 17.

Na mesma linha segue Aury Lopes Júnior, ressaltando que:

> É necessário criar-se categorias jurídicas próprias para o processo penal, adequadas às particularidades de seu objeto. Essa análise pode ser sentida, por exemplo, na análise dos requisitos das medidas cautelares do processo penal em que...não existe identidade com os conceitos do processo civil.[92]

Calamandrei, por exemplo, influenciou a doutrina tradicional, que aplicou o pensamento do mestre italiano apropriado ao processo civil também ao processo penal, de maneira quase acrítica, mormente ao tratar do requisito e do fundamento das prisões cautelares. Ou seja, identifica-os com o *fumus boni juris* e o *periculum in mora*, o que, desgraçadamente, não é adequado. Não se trata, na hipótese, de negar a ligação e a influência recíprocas dos processos civil e penal, mas sim, de ressaltar os pontos nevrálgicos em que eles se afastam.

Por conseguinte, um dos pontos mais distanciados entre o processo civil e o processo penal está na esfera cautelar. Ora pela dessemelhança de conceitos, ora pela diferença radical dos objetos atingidos pelas medidas cautelares.

De um lado, temos o direito à liberdade, o mais importante depois do direito à vida e, de outro lado, temos a satisfação de interesses que não dizem respeito à liberdade, que não agridem o direito de ir e vir do cidadão do povo. A medida cautelar pessoal, no processo penal, afeta de forma direta a liberdade do cidadão, incidindo sobre uma garantia fundamental, trazendo consigo não apenas a supressão de um direito individual, mas também reflexos estigmatizadores e altamente prejudiciais ao sujeito passivo da prisão. No processo civil, embora a cautelar diga respeito a direitos relevantes, não se vislumbram, em nenhum momento, efeitos tão veementes como no caso do processo penal.

Exemplo dessa diferença podemos estabelecer acerca da forma como proceder em caso de dúvida nos procedimentos cautelares.

Para Baptista da Silva,[93] no processo civil, mesmo em caso de dúvida, o magistrado deveria optar pelo deferimento da medida cautelar. Já para Banacloche Palao,[94] em sede de processo penal, em caso de dúvida, deve-se optar pela manutenção da liberdade do imputado, repelindo-se a adoção da medida cautelar. Mais não bastaria para se

---

[92] LOPES JÚNIOR, Aury. Fundamento, Requisito e Princípios Gerais Das Prisões Cautelares. In: *Revista da Ajuris*, n. 72, p. 220, Porto Alegre, 1998.

[93] SILVA, Ovídio Baptista da. *Curso de Processo Civil – Processo Cautelar – Tutela de Urgência.* São Paulo: RT,1998. v. III, p. 155-156.

[94] BANACLOCHE PALAO, Julio. *La Libertad Prisional y Sus Limitaciones.* Madrid: McGraw-Hill, 1996, p. 383.

comprovar a impropriedade de uma teoria geral do processo ou das medidas cautelares.

Em síntese, o processo penal cautelar, particularmente as medidas cautelares pessoais, atingem a pessoa humana, com direitos e deveres e, de forma fundamental, o seu sagrado direito de liberdade. Assim, em que pese a inegável contribuição do direito processual civil para a transformação do direito processual penal, parece que, neste ponto, a distinção deve ser feita para a efetiva construção de um sistema processual cautelar garantidor dos direitos fundamentais.

Em particular, não se deve esquecer a lição de Aragoneses Martinez, de que:

> Las medidas cautelares suponen el punto más crítico del difícil equilibrio entre los dos intereses, aparentemente contrapuestos, sobre los que gira el proceso penal: el respeto a los derechos del encausado – aquí, el derecho a la libertad – y la eficacia en la represión de los delitos, como medio para restablecer el orden y la paz social.[95]

A relevância das cautelares pessoais decorre da dicotomia referente a sua aplicação ou não aplicação. Caso a regra seja a prisão cautelar, corre-se o risco do erro judicial, da injustiça. Do contrário, caso abolidas as cautelares pessoais, corre-se o risco da impunidade, do descrédito do sistema democrático baseado na equidade e na justiça.

Geraldo Prado[96] assevera a existência de um processo penal cautelar, embora, formalmente, inexistam disposições específicas no Código de Processo Penal, na medida em que por processo se entenda, com Carnelutti, o conjunto de relações jurídicas, no caso dispostas à satisfação de uma pretensão de natureza processual, concernente à proteção dos processos de conhecimento e execução penais.

Assim, o juiz não deveria ter um poder geral de cautela, por exemplo, que o autorize, *ex officio*, promover ou decretar providências cautelares, pois tal não se exercita sem provocação das partes. Ou seja, é estranho ao sistema acusatório, porque incompatível com o princípio acusatório, o poder do juiz de decretar, de ofício, a prisão preventiva, conforme o art. 311 do Código de Processo Penal.[97]

Diante do exposto, faz-se necessária a criação de uma nova visão sobre o requisito e o fundamento das prisões cautelares, que afaste as

---

[95] ARAGONESES MARTÍNEZ, Sara *et al. Derecho Procesal Penal.* Madrid: Coleción Ceura, 1999, p. 412-413.
[96] PRADO, Geraldo. Op. cit., p. 158.
[97] Ibidem, p. 159-160.

antigas concepções identificadas com o *fumus boni iuris* e *periculum in mora*.[98]

3.4. Do requisito das prisões cautelares

A referência antes feita, acerca dos problemas de um transplante de institutos do processo civil para o processo penal são salientes e visíveis quando se trata do requisito fundamental das prisões cautelares. A antiga lição de Calamandrei, que definia o requisito das medidas cautelares como sendo o *fumus boni iuris*, foi seguida pela doutrina majoritária do processo penal, de maneira quase acrítica. O bom-senso, contudo, contesta essa determinação. Como se pode falar em fumaça do bom direito para se decretar a prisão preventiva? Como se pode falar em bom direito para cercear a liberdade individual?

Deve-se ressaltar, porém, que não foi apenas a doutrina brasileira que adotou a concepção de Calamandrei. Gimeno Sendra, adotando a concepção do mestre italiano, entende que o conceito de *fumus boni iuris* se confunde com "la razonada atribuición del hecho punible a una persona determinada".[99]

Aury Lopes Júnior aborda a questão e, didaticamente, afasta o conceito tradicional de *fumus boni iuris*:

> No processo penal, o requisito para a decretação de uma medida coercitiva não é a probabilidade de existência do direito de acusação alegado. O objeto do processo para fins de decretação de uma medida cautelar não é um direito, senão um fato aparentemente punível. Logo, o correto é afirmar que o requisito para a decretação de uma prisão cautelar é a existência do *fumus delicti*, ou seja, a probabilidade de ocorrência de um delito, e nunca de um direito.[100]

Banacloche Palao também entende mais correto se falar em *fumus comissi delicti*:

---

[98] Para Frederico Marques, "diante de uma situação contenciosa proveniente de pretensão insatisfeita ou de pretensão contestada, pode haver necessidade de atuação preliminar e rápida dos órgãos jurisdicionais, em processo cautelar, para evitar as consequências do *periculum in mora*. Em tal hipótese, funciona a jurisdição em caráter instrumental, pois tem por escopo garantir a eficácia do processo de conhecimento ou de execução. MARQUES, José Frederico. Instituições de Direito Processual Civil. São Paulo: Saraiva, 1971. v. I, p. 284. Cintra, Pellegrini e Dinamarco, em que pese reconhecerem a instrumentalidade das providências cautelares, afirmaram também a existência de periculum in mora e fumus boni iuris. CINTRA, A. C; PELLEGRINI, Ada; DINAMARCO, C. Teoria Geral do Processo. 3. ed. São Paulo, RT, 1981, p. 280.

[99] GIMENO SENDRA, Vicente; MORENO CATENA, Vitor; CORTÉS DOMÍNGUEZ, Valentim. Op. cit., p. 472.

[100] LOPES JÚNIOR, Aury. Fundamento..., p. 223.

> Para acordar una prisión provisional es necesario que, por un lado, existam indicios racionales de que la persona que se puede ver afectada por ella ha participado en la comisión de un hecho delictivo (*fumus delicti comissi*).[101]

Ortells Ramos, por exemplo, exige a certeza sobre a existência do delito e a mera probabilidade de autoria do imputado para a configuração do *fumus comissi delicti*, "es decir que si la comisión de um delito no es segura, no es posible decretar la prisión provisional".[102]

Não se deve confundir, a bem da verdade, materialidade com certeza sobre a existência do delito. A prova da materialidade do fato deve estar presente para a decretação da cautelar, o que não significa certeza sobre a existência e o cometimento do delito.

É mais equilibrada a concepção clássica de Carnelutti, tendo em vista que o juízo de certeza só poderá ocorrer ao final, com a sentença.

O jurista, assim, deve atentar para o *fumus comissi delicti*, para a efetiva e real probabilidade de existência do delito, para claríssimos elementos de constituição de prova que afastem, de forma segura, qualquer dúvida razoável sobre a inexistência do delito.

Ou seja, no confronto entre os elementos positivos e negativos do delito devem preponderar, para a concretização da medida cautelar, os primeiros. Seguindo Carnelutti, podemos definir os elementos positivos do delito como a prova de que a conduta é aparentemente típica, ilícita e culpável. Elementos negativos seriam as causas de exclusão da ilicitude (legítima defesa, estado de necessidade, estrito cumprimento do dever legal, exercício regular de direito, consentimento do ofendido etc.) e de exclusão da culpabilidade (inexigibilidade de conduta diversa, potencial consciência da ilicitude etc.).

A máxima de Carnelutti, segundo a qual os indícios suficientes de culpabilidade não servem de suporte para a decretação das medidas cautelares, é intocável. Ora, indícios suficientes de culpabilidade não deveriam nem servir para uma imputação, quanto mais para a detenção pessoal. Ainda segundo Carnelutti, também não se deve exigir o juízo de certeza para a decretação das cautelares pessoais, pois este só seria atingido supostamente pela sentença. Assim, seria o juízo de probabilidade que nortearia a concessão das cautelares.[103]

O juízo de probabilidade tampouco poderia significar o equilíbrio entre elementos positivos e negativos do delito. Como se anotou

---

[101] BANACLOCHE PALAO, Julio. Op. cit., p. 378.

[102] Apud BANACLOCHE PALAO, Julio. Ibidem, p. 380.

[103] CARNELUTTI, Francesco. *Lecciones sobre el Proceso Penal*. Tradução de Santiago Santís Melendo. Buenos Aires: Bosch, 1950. v. IV, p. 180.

antes, a cautelar pessoal deveria ser balizada pelo triunfo absoluto dos elementos positivos sobre os negativos. Em verdade, numa interpretação estribada nos direitos fundamentais e, principalmente, no princípio da presunção de inocência, pode-se afirmar que havendo qualquer elemento negativo do delito, estaria obstaculizada a presença do *fumus comissi delicti*.

Essa postura procura estabilizar a disfunção já referida entre Estado-indivíduo, privilegiando a liberdade como regra, mormente num sistema democrático-garantista.

Para tanto, deveria o juiz, de forma racional, analisar todos os elementos do delito, desde a existência de uma ação ou conduta humana, passando pelo tipo penal, com todos os seus elementos normativos, subjetivos, objetivos, até alcançar o dolo, resultado, nexo causal e tipicidade. Posteriormente, caberia ao julgador vislumbrar a existência ou não de indícios justificadores ou exculpadores do delito, que afastariam a existência do *fumus comissi delicti*.

Via de consequência, a medida cautelar deve vir estribada por um conjunto razoável de provas, legalmente carreadas aos autos, que afastem qualquer indício razoável de inexistência de uma conduta humana dolosamente dirigida para um fim, típica, ilícita e culpável.

Por fim, não se pode esquecer a lição de Gimeno Sendra sobre a necessidade de afastamento da autoridade responsável pela prisão cautelar, a fim de evitar o pré-julgamento e possíveis erros judiciais.[104] Assim, o juiz de instrução responsável pelas medidas cautelares, *num sistema processual idealizado*, não deveria jamais sentenciar, pois estaria "contaminado" por preconceitos anteriores. Ou seja, a prevenção deveria ser um elemento definidor da incompetência e não, da competência do juízo.[105]

---

[104] "Puesto que el juicio de probabilidad acerca de la presunta participación de una persona en un hecho punible, presupuesto de la prisión provisional, entraña un prejuzgamiento en torno a su culpabilidad, a fin de prevenir los 'errores judiciales' y 'excesos de cumplimiento', sería de *lege ferenda* aconsejable que la Autoridad compete para la adopción de tal medida cautelar se desligara de la función instructora (a modo, por ej., del MF alemán) con lo cual se objetivizarían en mayor medida tales resoluciones". GIMENO SENDRA, Vicente; MORENO CATENA, Vitor; CORTÉS DOMÍNGUEZ, Valentim. Op. cit., p. 472.

[105] Cabe aqui ressaltar a lição de Lopes Júnior sobre o tema: "Suscitado o problema, surge a pergunta: o juiz instrutor pode ser o mesmo que presidia a fase processual, sentenciando ao final?... A decisão do Tribunal Constitucional espanhol teve como base as decisões do Tribunal Europeu de Direitos Humanos (TEDH), especialmente nos casos Piersack, de 1/10/1982., e de Cubber, de 26/10/1984. Para o TEDH, a atuação do juiz instrutor no tribunal sentenciador supõe uma violação do direito ao juiz imparcial consagrado no art. 6.1 do Convênio para a Proteção dos Direitos Humanos e das Liberdades Fundamentais, de 1950. Segundo o TEDH, a contaminação resultante da parcialidade pode ser fruto da falta de imparcialidade subjetiva ou objetiva. Desde o caso Piersack, de 1982, entende-se que a imparcialidade subjetiva alude à convicção pessoal do juiz concreto, que conhece de um determinado assunto e, deste modo, à sua falta de *pré-jui-*

3.5. Do fundamento das medidas cautelares

Além do requisito da fumaça de existência do delito, o *fumus comissi delicti*, a medida cautelar pessoal exige, para sua perfectibilização, a ocorrência de um perigo para o desenvolvimento do processo, um perigo decorrente da liberdade do sujeito passivo da prisão cautelar.

Para a doutrina civilista de Calamandrei,[106] que embasou grande parte da dogmática tradicional do processo penal, o *periculum in mora* não significa o genérico perigo de dano jurídico, mas, ao contrário:

É especificamente o perigo daquele ulterior dano marginal, que poderia derivar do atraso, tido como inevitável em razão da lentidão do procedimento ordinário, do procedimento definitivo. É a impossibilidade prática de acelerar a prolação do procedimento definitivo que faz surgir o interesse na emanação de uma medida provisória; é a mora desse procedimento definitivo, considerada em si mesma como a possível causa de ulterior dano, que se provê a tornar preventivamente inócua com uma medida cautelar que antecipe provisoriamente os efeitos do procedimento definitivo.

A referida concepção sobre *periculum in mora* é mais consentânea com o processo civil, pois pode gerar relevantes problemas no processo penal, como a aceleração e antecipação do procedimento final ou no caso a produção e aplicação de penas antecipadas.

Essa concepção é francamente contrária à realidade do direito processual penal que, por natureza, haverá de ser formal e longevo.

O fundamento da prisão cautelar é, em verdade, o *periculum libertatis*. Não se deve falar em perigo na demora da prisão cautelar, mas em perigo decorrente da liberdade do futuro sujeito passivo da

---

cios. A imparcialidade objetiva diz respeito a se tal juiz se encontra em uma situação dotada de garantias bastantes para dissipar qualquer dúvida razoável acerca de sua imparcialidade. Em ambos os casos, a parcialidade cria desconfiança e incerteza na comunidade e nas suas instituições. Não basta estar subjetivamente protegido, é importante que se encontre em uma situação jurídica objetivamente imparcial. Seguindo essas decisões do TEDH, aduziu o Tribunal Constitucional espanhol (STC 145/88), entre outros fundamentos, que o juiz instrutor não poderia julgar, pois violava a chamada imparcialidade objetiva, aquela que deriva não da relação do juiz com as partes, mas sim de sua relação com o objeto do processo...Em definitivo, a prevenção é uma causa de exclusão da competência. O juiz instrutor é prevenido e como tal não pode julgar. Sua imparcialidade está comprometida não só pela atividade de reunir o material ou estar em contato com as fontes de investigação, mas pelos diversos pré-julgamentos que realiza no curso da instrução preliminar (como a adoção de medidas cautelares, busca e apreensão, autorização para intervenção telefônica etc.). LOPES JÚNIOR, Aury. *Sistemas de Investigação Preliminar no Processo Penal*. Rio de Janeiro: Lumen Juris, 2001, p. 68/70.

[106] CALAMANDREI, Piero. Op. cit., p. 37.

prisão cautelar, que está destruindo provas, ameaçando testemunhas, colocando em risco a instrução processual ou buscando a sua fuga.

A medida cautelar não deve servir para aplacar a ira social, a vontade da turba, a ânsia de vingança do povo, em geral insuflado pela opinião midiática. Os únicos fundamentos para a decretação de medidas cautelares devem ser a imperiosa e irretorquível necessidade do processo, consubstanciada na evitação da destruição das provas e da coerção e ameaça às testemunhas, além da garantia da aplicação da lei penal.

Portanto, caso se queira uma fundamentação conforme o Estado Democrático, não se deve falar em clamor público,[107] ordem pública,[108] gravidade social da conduta[109] e muito menos em ordem econômica ou magnitude da lesão à ordem econômica. Tais concepções, embora previstas em lei aqui e no direito estrangeiro, refletem o caráter anti-instrumental da prisão, sustentado por muitos autores, fato que será analisado no momento oportuno.

Tampouco se podem aceitar, nos dias atuais, concepções como as de Hélie, que definiam as prisões cautelares como medidas de segurança, quando se referiam à prisão para a garantia da ordem pública. Ora, ordem pública ou clamor público nada tem a ver com necessidade do processo, mas sim com execução antecipada da pena ou medidas de segurança pública. Assim também quando se fala em ordem econômica, magnitude da lesão e, principalmente, em perigo de fuga.[110]

Banacloche Palao[111] salienta que a maior parte da doutrina entende que a finalidade básica da prisão provisória é a de evitar a frustração do processo impossibilitando a fuga do réu e permitindo

---

[107] Odone Sanguiné trata da inconstitucionalidade do clamor público como fundamento da prisão preventiva, o que será analisado no momento oportuno.

[108] Para Weber Martins Batista, a "decretação da medida como garantia da ordem pública não tem relação direta com o processo. Em vez disso, está voltada para a proteção de interesses estranhos a ele, tem nítidos traços de medida de segurança" (BATISTA, Weber Martins. *Liberdade Provisória*. Rio de Janeiro: Forense, 1981, p. 77).

[109] Rodriguez Ramos, citado por Julio Banacloche Palao, propõe acabar com a arbitrariedade judicial desta modalidade de prisão, por intermédio de uma regulação semelhante à alemã, que especifica os delitos que causam alarma social. Embora discutível e passível de crítica tal posição, pois poderia redundar nos mesmos erros da Lei 8.072/90, que cria um rol abstrato de crimes, sem dúvida conferiria maiores garantias aos cidadãos. BANACLOCHE PALAO, Julio. Op. cit, p. 382.

[110] Vicente Gimeno Sendra refere que a adoção da medida cautelar pessoal com base no perigo de fuga, "sin embargo, ...no debe ser el único a tomar em consideración por el órgano jurisdiccional, sino que debe conjugarse con otros, tales como la inexistencia o no de "antecedentes penales" o el arraigo familiar y social del imputado. GIMENO SENDRA, Vicente; MORENO CATENA, Vitor; CORTÉS DOMÍNGUEZ, Valentim. Op. cit., p. 473.

[111] BANACLOCHE PALAO, Julio. Op. cit., p. 378.

a eventual execução da pena. Dentro desse fim, poder-se-ia incluir também o de assegurar o êxito da instrução e impedir a ocultação de meios de prova.

Segundo Aury Lopes Júnior,[112] no processo penal a prisão cautelar possui dois fundamentos:

> Aqui o fator determinante não é o tempo, mas a situação de perigo criada pela conduta do sujeito passivo do processo. Fala-se, nesses casos, em risco de frustração da pretensão punitiva (fuga), perigo social ou econômico ou graves prejuízos ao processo (ausência ou manipulação da prova).

Assim, vê-se que muitos dos significados do *periculum libertatis* não guardam relação com instrumentalidade ou cautelaridade, mas sim com uma verdadeira punição antecipada.

A cautelar pessoal não pode coexistir com (e muito menos significar) a execução antecipada da pena, inadmissível ante o princípio da presunção de inocência. A cautelar pessoal deve ser a barreira protetora do processo, incidindo apenas no caso de ameaça à formação da prova ou da ameaça às testemunhas e da evitação da fuga do réu.

Além disso, as circunstâncias de caráter, de moralidade, de profissão, de situação econômica, sobre os motivos para permanecer ou continuar no país, não devem interferir formal e objetivamente na concessão ou não da cautelar. O princípio da igualdade já sofre, na psique moral do prolator da decisão, a valoração acertada, segundo seus próprios critérios de experiência.[113]

Por conseguinte fazer tal diferenciação formalmente, definindo, por exemplo, que o mais rico, *a priori*, deve fugir do país, devendo assim ser decretada a cautelar pessoal, é concepção que pode levar a excessos comprometedores da ordem democrática, estribados em preconceitos ideológicos. Diga-se, ainda, que em muitos casos as cautelares pessoais poderiam ser substituídas por medidas cautelares reais, inclusive porque as últimas poderiam ser mais eficientes.

---

[112] LOPES JÚNIOR, Aury. *Fundamento*, ..., p. 227/228.

[113] Não se pode esquecer, é verdade, que inexiste um direito penal puramente do fato. É relevante a lição de Fauzi Hassan Choukr: "Um dos mais curiosos paradoxos criados pelo legislador emergencial, que tem na ordem pública um instrumento extremamente maleável, é o da possibilidade de solidificação, segundo certa vertente, da culpabilidade pelo fato, com desprezo à culpabilidade pela conduta da vida, o que, em princípio, é mais adequado ao Estado de Direito. No entanto, ao contrário do que se pode imaginar à primeira vista, o desprezo pela história de vida é descartado quando interessa e agregado quando assim é conveniente diante de um caso concreto, como é próprio da argumentação autoritária" (CHOUKR, Fauzi H. Op. cit., p. 151). A opinião de Choukr, embora contestável, leva a pensar, pois propugna uma maior efetividade do princípio da igualdade dos cidadãos.

Não se pode esquecer que a prisão é um terrível gravame para o sujeito passivo que a sofre, pois estigmatiza e deforma, influindo de forma predatória e negativa na imagem do indivíduo.[114]

É inafastável, dessa forma, a exigência de que a prisão cautelar seja decretada apenas se estiver sustentada no seu requisito (*fumus comissi delicti*) e com fundamento (*periculum libertatis*) na ameaça real, evidente e incontrastável de agressão ao conteúdo probatório ou na evidente probabilidade de fuga.

Do contrário, haverá de ser levada em conta a assertiva de Concepción Arenal,[115] pois

> imponer a un hombre una pena tan grande como es la privación de libertad, una mancha en su honra como es haber estado en la cárcel, y esto sin haberle probado que es culpable, y con la probabilidad de que sea inocente, es cosa que dista mucho de la Justicia.

---

[114] Sobre o tema, o nosso *Teoria Geral da Prisão Cautelar e Estigmatização*. Lumen Juris: Rio de Janeiro, 2006. WEDY, Miguel Tedesco.

[115] ARENAL, Concepción. *Apud* ARAGONESES MARTÍNEZ, Sara *et al*. Op. cit, p. 422.

4. Base epistemológica das prisões cautelares

A simples análise das práticas policiais e judiciais revela que o lidador do Direito, não raro, interpreta a Constituição conforme as leis materiais e processuais, porquanto deveria ocorrer o contrário, ou seja, a adequação das regras materiais e instrumentais à Lei Maior.

Isso porque, numa concepção democrática, a Constituição não está apenas no topo do ordenamento jurídico sob o aspecto formal, obrigando que todas as demais regras com ela concordem, mas também os seus princípios, verificáveis de forma implícita e explícita, através de um prisma material, consubstanciam-se na orientação terminológica capaz de guiar e dirigir a interpretação das regras pelo jurista.

Os princípios adquirem, no contexto de um Estado Constitucional, o papel de verdadeira força motriz do Direito, pois assentam o sistema jurídico sobre uma base sólida.

Para Bobbio, os princípios são normas fundamentais dos sistemas, as quais se igualam às outras formas de direito positivo: "A palavra princípios leva a engano, tanto que é velha questão entre juristas se os princípios gerais são normas. Para mim não há dúvida: os princípios gerais são normas como todas as outras".[116]

Segundo Streck:[117]

> Os *princípios valem, regras vigem* (Bonavides), *sendo a violação de um princípio muito mais grave que a transgressão de uma norma* (Bandeira de Mello), tudo porque – e não deveria haver qualquer dúvida nisto – todas as normas constitucionais são vinculativas e tem eficácia, podendo-se dizer que hoje *não há normas programáticas* (Canotilho). Ou seja, qualquer norma infraconstitucional deve passar, necessariamente, pelo processo de contaminação constitucional (*validade como questão primária e vigência como questão secundária* – Ferrajoli).

---

[116] BOBBIO, Norberto. *Op. cit.*, p. 158.

[117] STRECK, Lenio Luiz. A Filtragem Hermenêutico Constitucional do Direito Penal: um Acórdão Garantista. *Separata !TEC*, Ano II, p. 2, Edição Especial, 2000.

Para Juarez Freitas,[118] aos princípios "cumpre dar efetividade ao sistema e iluminar a interpretação sistemática das normas processuais nos vários escalões, sobrepujando-as em importância hierárquica e força cogente numa hermenêutica autoconsciente de suas funções (...)".

Os princípios, desse modo, adquirem especial importância, pois, como diria Carnelutti,[119] o princípio está dentro do direito legislado, "*como el alcohol está dentro del vino*".

Segundo Lauria Tucci,[120] princípio "deriva do latino *principium, principii* – de *princeps, principis* (o primeiro), forma sincopada de *primiceps, de primus* (adjetivo superlativo de *prae* ou *pro*, por intermédio de *pris*, advérbio que significa antes, primeiramente, antigamente – o mesmo que *prius*) e de *capere* (captar, tomar, segurar, prender, conceber), cujo significado vulgar se mostra na origem, começo, início de qualquer coisa".

Desse modo, os "(...) princípios são convertidos em pedestal normativo sobre o qual assenta todo o edifício jurídico dos novos sistemas constitucionais".[121]

Assim, passamos à análise de alguns princípios de importância notória no que concerne às prisões cautelares, o tempo da prisão e a estigmatização delas decorrentes.

4.1. Princípios aplicáveis

4.1.1. Princípio da jurisdicionalidade

Segundo Banacloche Palao:

> La prisión sólo puede acordarla el juez (*jurisdicionalidad*), por el tiempo que sea estrictamente necesario y mientras no varíen las circunstancias (*provisionalidad*), y todo ello en pro de la realización última y eficaz del ius puniendi del Estado (*instrumentalidad*).[122]

---

[118] FREITAS, Juarez. *A Interpretação Sistemática do Direito*. São Paulo: Malheiros, 1995, p. 164

[119] CARNELUTTI, Francesco. *Princípios de Direito Processual Penal*. Buenos Aires: Ciências Jurídicas, 1971, p. 14.

[120] TUCCI, Rogério Lauria. *Princípios e Regras Orientadoras do Novo Código de Processo Penal Brasileiro*. Rio de Janeiro: Forense, 1986, p. 4.

[121] BONAVIDES, Paulo. *Curso de Direito Constitucional*, 10. ed. São Paulo: Malheiros, 2000, p. 237.

[122] BANACLOCHE PALAO, Julio. Op. cit., p. 379.

E prossegue, referindo que a prisão provisória é uma medida estritamente jurisdicional, que só pode ser ordenada pelo juiz competente.[123]

Para Gimeno Sendra:

> Las medidas cautelares penales están sometidas, em primer lugar, al principio de jurisdiccionalidad, conforme al cual tan sólo pueden ser adoptadas por el órgano jurisdiccional competente.[124]

Não se concebe, na atualidade, a constrição da liberdade por cautelar pessoal, senão emanada da autoridade judicial competente, conforme o princípio do juiz natural.[125]

A Constituição Federal é clara ao dispor que ninguém será preso senão em flagrante delito ou por ordem escrita da autoridade judiciária competente, salvo nos casos de transgressão militar ou crime propriamente militar, definidos em lei (art. 5º, inc. LXI). Assim também o art. 283 do CPP:

> Ninguém poderá ser preso senão em flagrante delito ou por ordem escrita e fundamentada da autoridade judiciária competente, em decorrência de sentença condenatória transitada em julgado ou, no curso da investigação ou do processo, em virtude de prisão temporária ou prisão preventiva.

Mesmo a prisão em flagrante – que para alguns possui caráter pré-cautelar – decorrente do dever da autoridade ou da faculdade de qualquer um do povo, deverá prestar obediência ao princípio da jurisdicionalidade. Sim, pois a prisão em flagrante haverá de ser homologada pelo juiz, caso esteja de acordo com a lei.

Nesse aspecto, há também estreita correlação entre jurisdicionalidade, legalidade e devido processo legal, pois não existe prisão senão aquelas previstas na legislação, as quais serão decretadas ou homologadas pela autoridade judicial seguindo o *due process of law* (art. 5º, LIV, CF/88).[126]

---

[123] BANACLOCHE PALAO, Julio. Op. cit., p. 384.

[124] GIMENO SENDRA, Vicente; MORENO CATENA, Vitor; CORTÉS DOMÍNGUEZ, Valentim. Op. cit., p. 473.

[125] Outrossim, não se deve falar apenas em jurisdicionalidade, mas em juízo, ou seja, no poder de decretar a medida cautelar só por meio de um juízo ou processo. Como salienta Ferrajoli, "todo arresto sin juicio ofende al sentimiento común de la justicia, al ser percibido como un acto de fuerza y de arbitrio". FERRAJOLI, Luigi. *Derecho y Razón. Teoria del Garantismo Penal.* 4.ed. Madrid: Trotta, 2000, p. 555.

[126] É importante, neste ponto, lembrar a lição de Américo Taipa de Carvalho, ao referir que as alterações legislativas do regime da prisão preventiva nunca poderão aplicar-se de forma retroativa, pois desfavoráveis. Assim, qualquer lei processual que afete ou venha afetar, de forma direta, a liberdade do cidadão (lei acerca de prisão provisória ou liberdade provisória), não pode aplicar-se retroativamente. CARVALHO, Américo Taipa de. *Sucessão de Leis Penais.* Coimbra: 1990, p. 247.

Ademais, foi expressamente previsto, com a reforma trazida pela Lei 12.403/11, que deu nova redação ao art. 310 do Código de Processo Penal, que o magistrado deverá apreciar *fundamentadamente* a prisão em flagrante. Caso ilegal, deverá relaxá-la. Caso legal, deverá apreciar, de maneira motivada, acerca da decretação da prisão preventiva ou de outra medida cautelar, bem como sobre a eventual liberdade provisória ou concessão da fiança.

Como foi referido, a prisão deve ter um caráter meramente instrumental – de proteção ao conteúdo probatório e de garantia de aplicação da lei –, sendo flagrantemente inconstitucional qualquer prisão não motivada ou que não atenda tais exigências.

Do contrário, não haverá prisão cautelar, mas a vexatória aplicação de estigmatizadora pena antecipada, inaceitável num sistema garantista e democrático.

Desse modo, a jurisdicionalidade – consistente na efetiva atuação do juiz – é a forma garantidora das garantias do sujeito passivo da prisão cautelar.

4.1.2. Princípio da instrumentalidade

A instrumentalidade é a nota típica do procedimento cautelar. O processo é o meio pelo qual se exerce o direito de punir do Estado. A medida cautelar, por sua vez, é o mecanismo necessário para garantir a efetividade do processo.

Assim, a medida cautelar tem o fim de proteger a integridade e o deslinde do processo definitivo, protegendo todos os mecanismos capazes de levarem ao êxito do procedimento final.

Embora não se possa, como já referido, fazer uma transposição integral das lições de Calamandrei do processo civil para o processo penal, sua lição sobre a instrumentalidade pode ser repetida. Assim, para Calamandrei:

> A tutela cautelar é, em comparação ao direito substancial, uma tutela mediata: mais do que fazer justiça, serve para garantir o eficaz funcionamento da justiça. Se todos os procedimentos jurisdicionais são um instrumento de direito substancial que, através destes, se cumpre, nos procedimentos cautelares verifica-se uma instrumentalidade qualificada, ou seja, elevada, por assim dizer, ao quadrado: estes são de fato, infalivelmente, um meio predisposto para o melhor resultado do procedimento definitivo, que por sua vez é um meio para a aplicação do direito; são portanto, em relação à finalidade última da função jurisdicional, instrumentos do instrumento.[127]

---

[127] CALAMANDREI, Piero. Op. cit., p. 42.

A prisão cautelar deve existir, em virtude do exposto, para servir de instrumento do instrumento, que é o processo, ocorrendo apenas em caso de ameaça à instrução processual ou para a garantia de aplicação da lei penal.

A tutela cautelar jamais poderá imperar como pena antecipada, pois violaria a instrumentalidade, como prescreve Solimine:

> Las medidas de coerción constituyen potestades jurisdicionales puramente instrumentales, en tanto que aun cuando puedan traducirse legítimamente en actos que restrinjam la libertad personal durante la substanciación del proceso, sólo actúan a título de cautela y no como pena anticipada.[128]

Nesse diapasão, poderemos ter um autêntico Estado Democrático, com instituições democráticas e fortes, capazes de alcançarem a máxima liberdade do cidadão e a efetiva igualdade de armas no processo penal.

Aragoneses Martinez aduz que:

> Las medidas cautelares son, pues, actos que tienen por objeto garantizar el normal desarrollo del proceso y, por tanto, la eficaz aplicación del ius puniendi. Este concepto confiere a las medidas cautelares la nota de instrumentalidad, en cuanto son 'medios' para alcanzar la doble finalidad arriba apuntada.[129]

O princípio da instrumentalidade guarda estreita relação, portanto, com o deslinde do processo, pois visa a assegurar e a preservar a legalidade do conteúdo probatório e a garantia de aplicação da lei penal. Logo, afeta também a própria execução da pena, que dependerá de condenação baseada em prova idônea e lícita, que deverá ser protegida no decurso do processo.

A instrumentalidade, como salientam Gomez Orbaneja e Herce Quemada, é um meio em relação à sentença definitiva e à existência do *periculum in mora* (*periculum libertatis*), assim entendido como o perigo de utilização da liberdade para a destruição ilícita do material probatório.[130]

A medida cautelar, portanto, é meio e modo de garantir a efetividade de providências definitivas que constituem objeto do processo principal.[131] Não se trata de medida antecipatória da providência final, mas de medida capaz de proteger os elementos pelos quais o juiz chegará ao seu *decisum* e à eficaz aplicação do *jus puniendi*.

---

[128] SOLIMINE, Marcelo. Princípios Generales de Las Medidas de Coerción. *Sec. Doctrina*, p. 1219, 1998.

[129] ARAGONESES MARTÍNEZ, Sara et al. Op. cit., p. 411.

[130] GOMEZ ORBANEJA, Emilio; HERCE QUEMADA, Vicente. *Derecho Procesal Penal*, Madrid: Artes Gráficas y Ediciones, 1981, p. 204.

[131] TORNAGHI, Hélio Bastos. *Processo...*, v. II, p. 227.

4.1.3. Princípio da provisoriedade e provisionalidade

Em primeiro lugar, deve-se distinguir provisoriedade de provisionalidade. A provisoriedade diz respeito ao limite temporal estabelecido em lei, enquanto a provisionalidade diz respeito ao caráter temporário e precário das medidas cautelares pessoais.[132]

Assim, quando se fala em provisionalidade da medida cautelar está se querendo realçar a necessidade de uma efetiva situação cautelanda. Trata-se de uma medida situacional, que terá duração enquanto durarem os motivos pelos quais ela foi concretizada, ou seja, enquanto existir a ameaça à instrução processual ou à aplicação da lei penal etc. Tem conexão com interinidade, ou seja, é aquilo que irá durar enquanto não sobrevenha evento novo que modifique a situação.

Como ensina Gimeno Sendra:[133]

> Las medidas cautelares son siempre provisionales. Como máximo han de durar el tiempo en que permanezca pendiente el proceso principal, pero, com anterioridad a dicho término, pueden también finalizar o transformarse en distintas medidas, si se modifican los presupuestos y circunstancias que han justificado su adopción.

Deve-se entender provisionalidade como a "provisionalidad" dos autores espanhóis, ou seja, se no curso do processo a situação não se afigurar mais como cautelanda, inexistirá motivo para a manutenção da medida cautelar pessoal.

A provisionalidade, em razão disso, como refere Aragoneses Martinez,[134] faz com que as cautelares possam ser modificadas conforme variem seus pressupostos.

Logo, as cautelares pessoais, por suas peculiaridades, são provisionais. Assim sendo, num dado momento a cautelar cessa por inexistirem as causas de sua ocorrência ou porque se transformou em prisão definitiva, por força de sentença condenatória transitada em julgado.

A cautelar, em razão disso, pode cessar em qualquer momento, seja por iniciativa de ofício do juiz ou por proposição da parte. Diga-se que, nesse caso, o agir de ofício do juiz consubstancia-se numa quebra positiva do princípio da igualdade, com o fito de preservar o bem maior da liberdade. O que não poderia ocorrer, jamais, é a comum e usual prisão de ofício por parte do magistrado.

---

[132] Sobre o tema: DELMANTO JÚNIOR, Roberto. *As modalidades de prisão provisória e seu prazo de duração*. 2. ed. Rio de Janeiro e São Paulo: Renovar, 2001.

[133] GIMENO SENDRA, Vicente; MORENO CATENA, Vitor; CORTÉS DOMÍNGUEZ, Valentim. Op. cit., p. 474.

[134] ARAGONESES MARTÍNEZ, Sara Aragoneses *et al.* Op. cit., p. 411.

A provisionalidade está consagrada no art. 316 do Código de Processo Penal, ao possibilitar a revogação da prisão preventiva, a qualquer tempo, se o juiz verificar a insubsistência das razões que a determinaram.

Diferente é a provisoriedade, na qual é estabelecido um limite temporal para a medida cautelar. Aqui, talvez fosse mais adequado se falar em temporaneidade ou temporariedade, como faz Gimeno Sendra,[135] que após tratar da "provisionalidad", aduz:

> Pero, determinadas medidas son, al propio tiempo, temporales, por cuanto el legislador ha querido unos plazos máximos de duración. Tal es el caso de la detención o prisión provisional, cuya duración está condicionada a la observancia de plazos previos y determinados, cuya infracción ha de fundamentar el oportuno recurso de amparo (SSTC 206/1991, 32/1987, 28/1985, 11/1985, 126/1984, 41/1982, STEDH, de 10 noviembre 1969 en el caso Stogmuller.

Calamandrei[136] trata do tema e faz referência à temporaneidade, que seria aquilo "que não dura sempre, aquilo que, independentemente de superveniência de outro evento, tem por si mesmo duração limitada".

As cautelares pessoais, no Brasil, exceto a prisão temporária que tem tempo determinado e antecede ao próprio processo, não apresentam regras que lhes estabeleçam um limite temporal ou a obrigatoriedade periódica de sua revisão. E aí se perdeu mais uma oportunidade na reforma realizada em 2011, em razão da omissão do legislador acerca desse problema.[137]

O traço mais cruel da inobservância do princípio da provisoriedade é a terrível relação existente entre tempo e prisão cautelar. Quanto mais tempo o sujeito passivo da prisão padece no cárcere, mais estigmatizado fica e maior é a influência desse estigma na psique do julgador. A prisão adquire, pela perpetuação, um caráter de pena an-

---

[135] GIMENO SENDRA, Vicente; MORENO CATENA, Vitor Moreno; CORTÉS DOMÍNGUEZ, Valentim. Op. cit., p. 475.

[136] CALAMANDREI, Piero. Op. cit., p. 25-26. O problema é que, na obra traduzida para o português, o processualista italiano fala de provisoriedade e temporaneidade, quando se usa aqui provisionalidade e provisoriedade, respectivamente.

[137] É bem verdade que já existe, de longa data, uma tendência de parte da doutrina e da jurisprudência para tentar limitar a duração da prisão preventiva. Hoje, como se sabe, a partir das reformas operadas em 2008, pela Lei 11.719, o prazo de duração da instrução é de 60 dias no procedimento comum e 30 dias no procedimento sumário. No Tribunal do Júri, esse prazo é dilatado para 90 dias, conforme o atual artigo 412 do CPP. Embora parte da jurisprudência tente arrolar tais prazos como limites para a prisão, graça sobre tal tema uma inequívoca insegurança jurídica, pois se trata de uma construção hermenêutica sem qualquer caráter sancionatório.

tecipada, atuando de forma a aniquilar, na consciência do magistrado, a presunção de inocência.[138]

Daí a tradicional argumentação de nossos magistrados de que o réu, que aguardou preso todo o transcorrer do processo em primeiro grau, deverá assim permanecer em segundo grau. Ou ainda, de que encerrada a instrução, não se poderia mais alegar o excesso de prazo, na linha da Súmula 52 do Superior Tribunal de Justiça. Ora, mesmo após o encerramento da instrução, a prisão pode ser desmedida, não razoável, desproporcional. Trata-se de simples repetição de "chavão jurisprudencial", sem reflexão. Na verdade, o prazo é desproporcional, a prisão se alongou no tempo, ultrapassou os limites do razoável, mas se mantém, em razão do fim da instrução. Não se analisa, nessa situação, a cautelaridade da medida, seus pressupostos e requisitos, mas, tão somente, dá-se à pena um caráter antecipado e anti-instrumental.[139]

Ou seja, o tempo, mais do que os pressupostos, os requisitos e a finalidade, é o grande motivador da manutenção da prisão. A manutenção da prisão se dá pelo transcurso do processo no tempo, durante o qual não houve nenhuma revisão ou reexame acerca dos fundamentos e requisitos da prisão cautelar.

Cabe, neste tópico, a lição de Beccaria:[140]

> Por que razão, pois, é tão diferente, em nossos dias, a absolvição de um inocente? É porque, no sistema penal de hoje, segundo a opinião dos homens, prevalece a idéia da força e da prepotência sobre a da justiça; porque se atiram, indistintamente, no mesmo cárcere, não só os acusados como os condenados, porque a prisão é mais lugar de suplício do que de custódia do réu...

---

[138] Segundo François Ost, um dos mais graves problemas do processo de urgência adotado hoje em dia afeta justamente a provisionalidade. Para Ost, "a urgência (remédio em período de crise) apenas deveria autorizar medidas conservatórias de caráter provisório; tratar-se-ia apenas de preservar um direito, de contemporizar um interesse, o tempo necessário para regressar ao normal e para a adoção de uma decisão 'sobre o fundo' e as formas. Na realidade, não é isso que acontece: das medidas conservatórias, passamos às medidas de execução (sobre o patrimônio do devedor, por exemplo), e estas apresentam naturalmente tendência para se tornarem definitivas. A evolução do contencioso é muito reveladora a este respeito: outrora cingido às medidas provisórias, que era suposto não afectarem o 'fundo' do litígio, o juiz da 'urgência' já não hesita hoje em encontrar o fundamento da acção, correndo o risco da sua decisão ser ulteriormente infirmada pelo juiz do fundamento, mas a experiência testemunha que decisão assim tomada em urgência permite muitas vezes a economia do processo ulterior".. Exemplo claro disso pode ser visto na consagração das punições antecipadas e da execução provisória da pena, decorrentes das prisões cautelares. OST, François. Op. cit., p. 364-365.Ainda, sobre o tema: WEDY, Miguel Tedesco. *Teoria Geral da Prisão Cautelar e Estigmatização*. Rio de Janeiro: Lumen Juris, 2006.

[139] Críticos sobre tal questão, acertadamente: BADARÓ, Gustavo Henrique; LOPES JÚNIOR. *Direito ao Processo Penal no Prazo Razoável*. Rio de Janeiro: Lumen Juris, 2006, p. 110 e ss.

[140] BECCARIA, Cesare. Op. cit., p. 99.

4.1.4. Princípio da excepcionalidade

Como se viu, a prisão cautelar é uma medida drástica, geradora de terríveis reflexos para o sujeito passivo que a sofre, bem como na esfera social, em virtude da estigmatização.

De um lado, há a necessidade de manutenção das liberdades e dos direitos individuais, e, de outro, a manutenção da integridade do material probatório ou da aplicação da lei penal, a fim de que o juiz possa chegar a uma sentença justa. Ou seja, de um lado o interesse individual da liberdade, e, de outro, o interesse do Estado em manter a pureza da instrução, em face do seu direito-dever de punir, a fim de buscar a Justiça.[141]

Na maior parte do mundo democrático, como em Portugal (Código de Processo Penal – art. 193.2), Itália (Codice de Procedura Penale – art. 275.3) e Espanha[142] o princípio da excepcionalidade está consagrado. No Brasil, o § 6º do art. 282 dispõe o seguinte: *"A prisão preventiva será determinada quando não for cabível a sua substituição por outra medida cautelar"*. Ou seja, será excepcional, extraordinária. Nesse tópico, sem dúvida, houve um avanço legislativo, no sentido do reforço de garantias.

A discrepância entre as medidas cautelares penais e civis possui, neste ponto, especial significação. Numa situação supostamente cautelanda, como deve proceder o julgador em caso de dúvida? Decretar ou não a medida cautelar privativa de liberdade?

Para Banacloche Palao,[143] "la prisión provisional, em cuanto limitativa del derecho fundamental de la libertad personal, tiene que aplicarse excepcionalmente, debiendo optarse en caso de duda por decretar la libertdad del imputado".

Portanto, na esfera processual penal deve ficar estreme de dúvida a situação cautelanda, com a presença inequívoca do *fumus comissi delicti* e do *periculum libertatis*, bem como da ameaça real à integridade do conteúdo probatório do processo e à aplicação da lei penal.

---

[141] Assim também entende Sara Aragoneses Martínez, ao referir que as medidas cautelares estão localizadas no ponto mais crítico do difícil equilíbrio entre dois interesses, aparentemente opostos, sobre os quais gira o processo penal: o respeito ao preso – o direito à liberdade – e a eficácia na repressão dos delitos, como meios de restabelecer a ordem e a paz social. ARAGONESES MARTÍNEZ, Sara *et al.* Op. cit., p. 389.

[142] Segundo Banacloche Palao, a excepcionalidade da prisão provisória "es puesta de relieve" pelo artigo 9.3 do PIDCP, segundo o qual tal medida não deve ser regra geral. Assim também com decisões do STC (41/82, de 2 de julho; 32/87, de 10 de março; e 117/87, de 8 de julho) (Op. cit., p. 383).

[143] Ibidem

O princípio da excepcionalidade exige que a medida cautelar seja a *ultima ratio*, um verdadeiro remédio trágico.

Assim, como referiu Carnelutti:[144]

> A prisão preventiva do imputado assemelha-se a um daqueles remédios heróicos que devem ser propinados pelo médico com suma prudência, porque podem curar o enfermo, mas, também, podem ocasionar-lhe um mal mais grave; quiçá uma comparação eficaz se possa fazer com a anestesia e, sobretudo, com a anestesia geral, a qual é um meio indispensável para o cirurgião, mas ah se este abusa dela!

O princípio da necessidade guarda íntima relação com o princípio da excepcionalidade, razão pela qual será aqui abordado.

Além disso, também se deve diferenciar excepcionalidade de proporcionalidade, a fim de se delimitar o real significado de ambos os princípios.

A proporcionalidade diz respeito a uma valoração entre dois bens ou valores em disputa, à liberdade e ao interesse público em manter a integridade das provas e a garantia à aplicação da lei penal. A necessidade, por sua vez, é relacionada com a situação de efetiva cautelaridade, como medida última que guarneça as provas ou a lei, tendo íntima relação com a excepcionalidade.

É no Direito Penal que o princípio da necessidade possui maior visibilidade, como ente limitador da criação de tipos penais e esteio da garantia de intervenção mínima, capaz de edificar uma ordem menos intolerante sob o aspecto jurídico.[145]

Como refere Garcia-Pablos de Molina:[146]

> O Direito Penal é a ultima ratio, não a solução para o problema do crime; como acontece com qualquer técnica de intervenção traumática, de efeitos irreversíveis, só cabe a ela acudir em casos de extrema necessidade, para defender bens jurídicos fundamentais dos ataques mais graves, e apenas quando as restantes estratégias de natureza não penal não ofereçam garantias de êxito.

Gonzáles-Cuellar Serrano[147] aduz que:

> A necessidade é princípio tendente à otimização do grau de eficácia dos direitos porque obriga (o Estado) a rechaçar as medidas que possam ser substituídas por outras menos gravosas, mecanismo mediante o qual diminui a lesividade da intromissão na esfera de direitos e liberdades do indivíduo.

---

[144] *Apud* LOPES JÚNIOR, Aury. *Fundamento*, ..., p. 236.

[145] O princípio da necessidade está devidamente previsto na Convenção Europeia (art. 3, B, al. 3).

[146] GARCIA-PABLOS DE MOLINA, Antonio. *Derecho Penal*. Madrid: Universidad Complutense, 1995, p. 272.

[147] GONZÁLEZ-CUELLAR SERRANO, Nicolas. *Proporcionalidad y Derechos Fundamentales en el Proceso Penal*. Madrid: Colex, 1990, p. 189.

Assim, o primeiro critério político-criminal de intervenção mínima na esfera da teoria da lei penal advém do princípio da necessidade, representado pela fórmula *nulla lex poenalis sine necessitate*. O juízo de necessidade é avaliativo e direcionado ao estabelecimento dos custos da violência da pena em relação às reações informais que seriam decorrentes de sua inexistência.[148]

A transposição do princípio da necessidade da esfera penal para a esfera processual penal é tranquila, pois, como se viu, é do cotidiano forense a aplicação de penas antecipadas. Assim, o critério da necessidade configura mais um limitador capaz de obstaculizar a aplicação de tais medidas.

Rusconi[149] faz relevante paralelo entre a necessidade para a pena e necessidade para a prisão:

> Entonces parece claro que así como una pena que sea mayor a la necesaria para retribuir el mal causado, resocializar al condenado, intimidar a los infratores potenciales, o mantener la confianza en la norma, queda huérfana de alguna explicación justificadora, del mismo modo el encarcelamiento preventivo sólo encontrará razón ética si es absolutamente imprescindible para lograr con medidas de coerción menos lesivas. Debe quedar claro que la prisión preventiva es la *ultima ratio* de las medidas de coerción.

A prisão cautelar só encontra sentido para proteger a integridade e a verdade do conteúdo probante, para satisfazer uma necessidade de justiça, para preservar os vestígios do crime e as provas que lhe são próprias, além da aplicação da lei penal. Sob este aspecto, de mínima intervenção, deve ser seguida a lição de Baratta:[150]

> Así se excluye toda medida restrictiva de los derechos del individuo que no sea estrictamente necesaria a los fines de la correcta y segura aplicación de la ley penal sustancial "Principio del Derecho Penal Mínimo".

Assim, resta evidenciado que qualquer prisão deve estar fundada na ameaça verdadeira às provas e na garantia da aplicação da lei penal, como também deve estar acompanhada do *fumus comissi delicti* e *periculum libertatis* e, como se não bastasse, deve ser necessária, pois acarreta um custo deveras elevado e desproporcional a ser suportado

---

[148] CARVALHO, Salo de. *Aplicação da Pena e Garantismo*. Rio de Janeiro: Lumen Juris, 2001, p. 26.

[149] ADOLFO RUSCONI, Maximiliano. Prisión Preventiva y Limites Del Poder Penal Del Estado En El Sistema De Enjuiciamiento, *Sec.Doctrina*, p. 1372-1373, 1997. Também salienta Marcelo Solimine: "Sólo cuando aparezca necesario neutralizar el riesgo procesal existente resulta admisible imponer una medida de coerción. De modo que, cuando no exista una situación que ponga en peligro la consecución e los fines del proceso, no corresponde adoptar ninguna medida cautelar de tipo personal." (SOLIMINE, Marcelo, Op. cit., p. 1219).

[150] BARATTA, Alessandro. *Para uma teoría de los derechos humanos como objeto y límite de la ley penal*, *Doctrina Penal*, n. 40, p. 629, [s.d.].

pela sociedade, qual seja, colocar em risco a liberdade de um indivíduo, antes de acertada a culpabilidade.

4.1.5. Princípio da proporcionalidade

O princípio da proporcionalidade originou-se e obteve notável desenvolvimento na Alemanha a partir de 1875 até alcançar sua justificação dogmática com clareza após a II Guerra Mundial. Desde então, prosperou a ideia de que as normas processuais penais deviam ser limitadas desde fora delas mesmas, por meio de princípios gerais e valores contidos em todo o Direito Constitucional.[151]

A reforma operada com a Lei 12.403/11 reforçou a ideia da proibição do excesso no direito processual penal, especialmente quando se trata das cautelares pessoais. O art. 282, incisos I e II, do CPP, de maneira clara, dispôs que:

> Art. 282. As medidas cautelares previstas neste Título deverão ser aplicadas observando-se:
> I – necessidade para aplicação da lei penal, para a investigação ou instrução criminal e, nos casos expressamente previstos, para evitar a prática de infrações penais;
> II – adequação da medida à gravidade do crime, circunstâncias do fato e condições pessoais do indiciado ou acusado.

Trata-se, assim, da adoção de um critério evidente de proporcionalidade para a interpretação acerca da necessidade ou não das prisões cautelares e das demais medidas cautelares alternativas. Embora tal critério já fosse exigido antes, numa leitura constitucional do processo penal, acabou reforçado na norma infraconstitucional.

A garantia da proporcionalidade deve estabelecer os balizadores da atuação do magistrado na fixação da tutela cautelar pessoal. O difícil e quase insustentável equilíbrio entre os direitos individuais e o dever-direito de punir do Estado terá no princípio da proporcionalidade um importante alicerce.

A gravidade do remédio trágico que é a prisão cautelar exige o exame equilibrado e ponderado acerca de sua proporcionalidade. O bem atingido pela prisão – a liberdade – merece ser devidamente sopesado, impedindo a desproporção que significa a adoção de cautelares pessoais quando não estiverem presentes os seus requisitos, fundamentos e pressupostos. Por conseguinte o julgador deve – além

---

[151] SANGUINÉ, Odone. Op. cit., p. 99. Além disso, como refere Heinrich Scholler, "o princípio da proporcionalidade desenvolveu-se, originariamente, no âmbito do direito administrativo, mais especificamente, das normas sobre o poder de polícia e seus limites, evolução que já remonta ao século XIX" (trad. Ingo Wolfgang Sarlet, *Revista da Ajuris*, n° 75, 1999, p. 269).

dos requisitos, fundamentos e condições legais já referidas – ponderar a gravidade da prisão, seus efeitos estigmatizadores, a influência do transcurso do tempo para a coleta das provas e a consequente ameaça à ampla defesa com a finalidade pretendida.

A prisão processual penal, portanto, jamais poderá significar uma pena antecipada, pois tal medida é incompatível com a presunção de inocência.

Em Portugal, o Código de Processo Penal faz referência expressa, em seu art. 193, I, aos princípios da proporcionalidade e de idoneidade, e no art. 193.2 exige também, em relação com a prisão provisória, o cumprimento do princípio da necessidade.

A doutrina alemã, como refere Gómez Colomer,[152] aponta que o juiz deve levar em consideração o princípio da proporcionalidade unindo ele as graves consequências que causa ao imputado, que nem sempre é culpado, à prisão cautelar, que deve ser sempre a última medida a ser tomada.

Na mesma linha interpretativa segue a doutrina italiana, alicerçada no art. 275.2 do *Codice de Procedura Penale*. Ferraioli[153] refere que a medida cautelar pessoal não pode prescindir da análise sobre sua proporcionalidade:

> Vi è la necessária proporzione tra la misura prescelta e l'entità del fatto, da um lato, e tra la misura prescelta e la sanzione Che si ritiene possa essere irrogata, dall'altro (criterio di proporzionalità).

Illescas Rus comenta o princípio da proporcionalidade sob o ponto de vista do direito processual penal espanhol, salientando que o mesmo possui três requisitos:

> 1º – Adequação: a medida deve ser adequada ao fim que com ela se pretende lograr, atentando-se para a natureza da restrição causada pela medida escolhida.
> 2º – Sacrifício Proporcional: a limitação de um direito fundamental deve ser produzido em medida estritamente necessária para salvaguarda do interesse comum e não suponha um sacrifício excessivo e desnecessário. Se existir outra medida de eficácia análoga, mas menos prejudicial, deve ela ser adotada.
> 3º – Motivação da Resolução: é imprescindível, tendo em vista a gravidade de uma prisão cautelar, uma singular e extraordinária qualidade e primor na fundamentação de um decreto dessa natureza. É um imperativo constitucional...não pode existir uma fundamentação formulária, é necessário que exista uma análise particular do caso e da prova, sendo vedado ao Juiz que utilize uma decisão aberta e abstrata derivada de uma das muitas fórmulas consagradas na prática judicial.[154]

---

[152] *Apud* SANGUINÉ, Ibidem, p. 237.

[153] FERRAIOLI, Marzia; DALIA, Andréa Antonio. *Manual Di Diritto Processuale Penale*. 4. ed. Padova: CEDAM, 2001.

[154] *Apud* LOPES JÚNIOR, Aury. *Fundamento, ...*, p. 237 e 238.

O problema, conforme foi referido, é que a proporcionalidade vem sendo usada como critério para flexibilização perene e permanente de garantias fundamentais. *Isto é, sob o pretexto de que não há princípios absolutos, o que se tem feito é a absoluta relativização de princípios e garantias fundamentais, com o aumento das prisões e do encarceramento preventivo.* Trata-se, pois, de uma leitura unilateral da proporcionalidade, sob o viés da pretensa proibição da insuficiência e não da proibição do excesso. E, o mais grave, a reforma trouxe para dentro do sistema, de forma mais forte e expressa, a proporcionalidade, mas, ao mesmo tempo, reforçou ideias anti-instrumentais de prisão, como a prisão para evitar reiteração delitiva e a consideração acerca de questões pessoais do indiciado ou acusado.

Norberto Flach[155] refere que o modelo de proporcionalidade implica o exame analítico de toda a medida restritiva de direito fundamental, pela apuração da presença, *in concreto*, de determinados requisitos extrínsecos (justificação teleológica, judicialidade e motivação da decisão) e intrínsecos (idoneidade, necessidade e proporcionalidade em sentido estrito).

Logo, a medida proporcional é aquela que se revela (além de prevista em lei, por suposto), a justificada quanto ao fim almejado, além de judicial e motivadamente decidida (mediante argumentação inteligível e racional, não valendo a mera remissão aos dispositivos legais).[156]

Além disso, deverá ser materialmente idônea à consecução do fim almejado, necessária (ou seja, que atenda a demanda de intervenção mínima e subsidiariedade, pelo que se deve privilegiar intervenções menos custosas) e, finalmente, proporcional em sentido estrito (quando se ocupa de determinar, concretamente, se o prejuízo aos direitos do acusado, decorrente da restrição imponível, está relacionado proporcionalmente com o interesse estatal a resguardar; se, por exemplo, a prisão processual parecer uma intervenção demasiada na liberdade, diante do interesse salvaguardado).[157]

Em síntese, a prisão cautelar, sob o manto da proporcionalidade, haverá de ser a última e impostergável medida restritiva, a qual só será adotada em caso último que justifique o cerceamento da liberdade individual e, diga-se por bem, só após a racional, equilibrada e

---

[155] FLACH, Norberto. Op. cit., p. 185.
[156] Ibidem.
[157] Ibidem.

fundamentada análise judicial avaliadora dos custos e efeitos de tal providência.[158]

4.1.6. Princípio do contraditório

A alteração legal promovida em 2011 trouxe uma nova redação para o art. 282, estabelecendo, no § 3º, o seguinte:

> Art. 282 (...)
> § 3º Ressalvados os casos de urgência ou de perigo de ineficácia da medida, o juiz, ao receber o pedido de medida cautelar, determinará a intimação da parte contrária, acompanhada de cópia do requerimento e das peças necessárias, permanecendo os autos em juízo".

Trata-se, sem dúvida, de um avanço, pois procura trazer para a normalidade da atividade forense aquilo que não se via, isto é, o estabelecimento de um contraditório mínimo e de uma possibilidade de defesa, previamente ao decreto de prisão cautelar ou de madida cautelar alternativa.

Conforme se vem referindo, a regra é a liberdade no processo penal, de modo que, na generalidade dos casos, dever-se-ia oportunizar o contraditório, inclusive a fim de se verificar a necessidade da medida.

Contudo, não se pode desprezar que, em algumas situações, a oitiva do sujeito passivo poderá levar a ineficácia da medida, especialmente naqueles casos de urgência e de gravidade maior, com violência e grave ameaça, ou ainda que envolvam o crime organizado. Portanto, deve-se fazer com que tal regra se implemente na prática, a fim de que a restrição da liberdade se dê apenas em casos excepcionais, de preferência após o cumprimento de um contraditório, devidamente previsto em lei e na Constituição Federal (art. 5º, LV).

4.2. Garantias constitucionais

4.2.1. Presunção de inocência versus prisão cautelar

A primeira questão que deve ser colocada é sobre a existência ou não do princípio da presunção de inocência na Carta Magna de 1988.

---

[158] Como escreveu o Ministro Gilmar Ferreira Mendes, a simples existência de lei não se afigura suficiente para legitimar a intervenção no âmbito dos direitos e liberdades individuais. É preciso que ela seja proporcional. Isso somente se precisará pela análise não só da legitimidade dos objetivos perseguidos pelo legislador, mas também pela adequação dos meios empregados, a necessidade de sua utilização, bem como a razoabilidade, isto é, a ponderação entre restrição a ser imposta aos cidadãos e os objetivos pretendidos. MENDES, Gilmar Ferreira. Questões fundamentais de Técnica Legislativa. Porto Alegre, *Ajuris*, n. 53, , p. 127, 1991.

Há julgados do Supremo Tribunal Federal que tratam do princípio da presunção de inocência, fazendo-lhe expressa referência.[159] Outros julgados tratam de princípio constitucional da não culpabilidade,[160] enquanto outros ainda se referem à garantia da presunção de inocência[161] ou à garantia da não culpabilidade.[162]

Em verdade, quer se trate de presunção de inocência ou de presunção de não culpabilidade, faz-se referência a um direito fundamental da pessoa humana, assegurado na Constituição Federal de 1988 (art. 5º, LVII – Ninguém será considerado culpado até o trânsito em julgado de sentença penal condenatória) e nas Cartas Universais referentes aos Direitos Humanos (art. 11, inciso I, da "Declaração Universal dos Direitos Humanos; "Pacto Internacional Sobre os Direitos Civis Políticos de 1966"; "Convenção Europeia dos Direitos do Homem de Roma /1950"; e a "Convenção Americana sobre Direitos Humanos de San Jose da Costa Rica/1969").

Portanto, trata-se de um direito fundamental, expressamente previsto, que deve ser entendido como uma garantia da pessoa humana.

A garantia da presunção de inocência foi sancionada, embora já fosse referida por inúmeros pensadores, apenas pelo art. 8º da Cons-

---

[159] HC 81685/SP, Rel. Min. Néri da Silveira, julgado em 26.03.2002, publicado no DJ de 17.05.2002, pp 00073, Vol. 02069-01, pp 00164: "*Habeas Corpus*. 2. Decisão condenatória. Determinação de imediata prisão do condenado. 3. Princípio da presunção de inocência. Art. 5º, LVII, da Constituição Federal. 4. Não possuindo os recursos de natureza extraordinária efeito suspensivo do julgado condenatório, não fere princípio da presunção de inocência a determinação de expedição de mandado de prisão do condenado. Precedentes. 5. *Habeas Corpus* indeferido"; e ainda HC 80830/RJ, Rel. Min. Maurício Corrêa e HC 81946/SP, Rel. Min. Moreira Alves.

[160] HC 80719/SP, Rel. Min. Celso de Mello, julgado em 26.06.2001, publicado no DJ 28.09.2001, p. 37, Vol. 2045-01, p. 143. No corpo do acórdão lê-se: (...) O princípio constitucional da não culpabilidade, em nosso sistema jurídico, consagra uma regra de tratamento que impede o Poder Público de agir e de se comportar, em relação ao suspeito, ao indiciado, ao denunciado ou ao réu, como se estes já houvessem sido comdenados definitivamente por sentença do Poder Judiciário".

[161] HC 80904/DF, Rel. Min. Sepúlveda Pertence, julgado em 05.03.2002, publicado no DJ 05.04.02, p. 37, Vol. 2063-01, p. 00079.

[162] "Prisão Preventiva. Garantia da Não culpabilidade. Excepcionalidade. Fundamentação. O princípio constitucional da não culpabilidade – art. 5º, inciso LVII, da Constituição Federal – direciona a considerar-se a prisão preventiva como procedimento excepcional. Tal enfoque robustece a necessidade de ter-se devidamente fundamentado o ato processual com que decretada. Simples referência aos requisitos impostos pelo art. 312 do Código de Processo Penal, sem a menção das peculiaridades do caso concreto, não é de molde assentar-se a observância do mandamento constitucional – inciso IX do art. 93 – sobre a fundamentação das decisões judiciais. Precedente: Recurso em Habeas Corpus nº 60.313/RN, 1ª Turma, Rel. Min. Rafael Mayer, DJ 1º.11.1982. *Habeas Corpus* deferido". (HC nº 80.096-3/RJ, 2ª Turma, Rel. Min. Marco Aurélio, DJ 29.08.2003, p. 35, n. 408).

tituição da Virgínia e pelos artigos 7º e 9º da Declaração dos Direitos do Homem de 1789.¹⁶³

Foi Carrara quem elevou o princípio da presunção de inocência a postulado primeiro da ciência processual e a pressuposto fundamental de todas as demais garantias do processo. Para Carrara:¹⁶⁴

> La metafísica del derecho penal propiamente dicho está destinada a proteger a los culpables contra los excesos de la autoridad pública. La metafísica del derecho procesal tiene por misión proteger a todos los ciudadanos inocentes u honrados contra los abusos y los errores de la autoridad.

O conflito entre a presunção de inocência e a prisão provisória podia ser resolvido, segundo Carrara, pela subordinação da prisão provisória às necessidades do procedimento, devendo ser brevíssima, não sendo tolerável a não ser em graves delitos, admitindo-se a sua perpetuação só em caso de necessidade de justiça, para impedir a fuga do réu, para impedir a destruição do conteúdo probatório e para impedir o cometimento de novos delitos. Ademais, Carrara qualificava a prisão provisória como uma "injustiça necessária".¹⁶⁵

Para Ferrajoli, partiram de Garófalo e Ferri os primeiros ataques à presunção de inocência, pois consideravam-na vazia, absurda e ilógica, inclinando-se o primeiro para a necessidade de prisão obrigatória e generalizada para os delitos mais graves, e o segundo, para modelos de justiça substancial e sumária, distantes das provas de culpabilidade.¹⁶⁶

O golpe mais violento e decisivo, porém, veio de Manzini, ao referir-se à presunção de inocência como "um estranho absurdo extraído do empirismo francês" e "uma extravagância derivada de antigos conceitos, nascidos dos princípios da revolução francesa, que levam as garantias individuais aos mais exagerados e incoerentes excessos".¹⁶⁷

A influência manzinista alastrou-se pelo Direito continental e também pelo Direito americano, em especial no Brasil, com o Código de Processo Penal ainda vigente, que é nitidamente fascista na sua

---

¹⁶³ Que ninguém seja privado de sua liberdade, salvo por mandato da lei do país ou por juízo de seus iguais (Declaração de Direitos da Virgínia, art. 8º); Ninguém pode ser acusado, arrestado ou detido mais que nos casos determinados pela lei e segundo a forma que esta prescreve (Declaração dos Direitos do Homem). *Apud* FERRAJOLI, Luigi. Ibidem, p. 625.

¹⁶⁴ *Apud* FERRAJOLI, Luigi. Ibidem, p. 626.

¹⁶⁵ *Apud* IBÁÑEZ, Perfecto. Presunción de Inocencia y Prisión Sin Condena. *Revista de La Asociación de Ciencias Penales de Costa Rica*, n. 13, p. 26, 1997.

¹⁶⁶ FERRAJOLI, Luigi. Op. cit., p. 550.

¹⁶⁷ Ibidem, loc. cit.

exposição de motivos, escrita pelas mãos do Ministro Francisco Campos:

> Urge que seja abolida a injustificável primazia do interesse do indivíduo sobre o da tutela social. Não se pode contemporizar com pseudodireitos individuais em prejuízo do bem comum. ...O processo penal é aliviado dos excessos de formalismo e joeirado de certos critérios normativos com que, sob o influxo de um mal-compreendido individualismo ou de um sentimentalismo mais ou menos equívoco, se transige com a necessidade de uma rigorosa e expedita aplicação da justiça penal.

Assim, embora enfraquecida, a garantia constitucional da presunção de inocência foi acolhida pela Constituição de 1988.[168]

Ou seja, é o Código de Processo Penal que deve ser interpretado conforme a Constituição, e não o inverso, como sói acontecer na prática policial e judicial.

Tal garantia, por sua natureza, possui dois significados: um que realça uma regra de tratamento do imputado, que exclui ou restringe a limitação de sua liberdade; e outro que reafirma uma regra de juízo, ao impor a carga da prova ao acusador, sob pena de absolvição em caso de dúvida. Por conseguinte, no entender de Ferrajoli, a presunção de inocência deve ser conceituada como uma garantia de liberdade e de verdade.[169]

Para Leone,[170] no segundo caso, "em relación al tema de las pruebas la presunción de inocencia sirve para llevarnos de nuevo a un principio que circula en todo el proceso; el principio del 'favor libertatis', en virtud del cual todas las normas restrictivas de la libertad no pueden constituir objeto de aplicación analógico".

O segundo desdobramento, para Leone,[171] ressalta que "la presunción de inocência del imputado fue acogida por el pensamiento jurídico liberal, que tomó origen de aquel histórico documento" (a declaração francesa de 1789), significando que "durante el proceso no existe un culpable, un reo, sino solamente un imputado; la condición

---

[168] Além de previsto de forma expressa na Constituição Federal, o princípio da presunção de inocência consta na Declaração Universal dos Direitos Humanos que proclamou, dentre as garantias do "justo processo", que "toda pessoa acusada de delito tem o direito a que se presuma sua inocência, enquanto não se prove sua culpabilidade, conforme a lei e em juízo público no qual sejam asseguradas todas as garantias necessárias à defesa" (art. 11, I) e também, com o mesmo teor, as especificações do "Pacto Internacional sobre os Direitos Civis Políticos" (1966), a "Convenção Europeia dos Direitos do Homem" (Roma, 1950) e a "Convenção Americana sobre Direitos Humanos" (San Jose da Costa Rica, 1969). GOMES FILHO, Antonio Magalhães. *Prisão Cautelar e o Princípio da Presunção de Inocência*, Fascículos de Ciências Penais, ano 5, v. 5, n. 1, p. 18, 1992.

[169] FERRAJOLI, Luigi. Op. cit., p. 549.

[170] LEONE, Giovanni. Op. cit., p. 463.

[171] Ibidem, p. 464-465.

jurídica de 'culpable' o 'condenado' deja trás de si el proceso; la condición jurídico de imputada se vincula al proceso en curso; la primera nace cuando muere la segunda".

No mesmo sentido é a lição de Gomes Filho,[172] ao referir que a presunção de inocência encerra duas garantias:

> A primeira, no terreno probatório, indicando que a tarefa de demonstração da culpabilidade no processo penal incumbe à acusação, não cabendo ao réu o encargo de provar sua inocência; a segunda, dirigida à proscrição de qualquer restrição ao direito de liberdade que não seja absolutamente indispensável à persecução.

Hoje, porém, assiste-se, de forma perplexa, o fortalecimento de novas formas punitivas, mais estigmatizadoras do que as tradicionais, pois comprometidas com o ideário de uma justiça instantânea, imediata e altamente lesiva. Como refere Nobili:[173]

> Hoy asistimos a un progresivo empobrecimiento de la eficacia de la sanción como momento de restauración del orden violado y a una correspondiente recuperación de la finalidad de prevención y de intimidación, de manera pronta y ejemplar, dentro del juicio penal...es el proceso que se convierte en pena, por retomar la recordada ecuación carneluttiana.

Não se pode negar, é verdade, que a Constituição Federal autoriza a prisão cautelar (art. 5º, LXI), desde que esteja prevista nos casos da lei e devidamente fundamentada pela autoridade competente.

É aí que está o ponto nevrálgico da questão, pois só se pode admitir a prisão e a violação da garantia constitucional da presunção de inocência em caso extremo, que caracterize sem sombra de dúvida uma situação efetivamente cautelanda, na qual a medida cautelar seja de fato o instrumento do instrumento chamado processo.

Assim, no que pertine com a liberdade do suspeito, acusado ou condenado, justifica-se a prisão antes do trânsito em julgado apenas no caso de ameaça ao material probatório dos autos e da aplicação da lei penal, estando presentes o *fumus comissi delicti* e o *periculum libertatis*.

A violência estigmatizadora que significa a prisão cautelar só pode ser aceita num quadro tal que seja absolutamente inevitável, como instrumento de proteção da efetividade do processo.

Desse modo, viola crassamente a presunção de inocência a decisão que inadmite o apelo em liberdade, caso ausentes as condições das cautelares. O chavão jurisprudencial "o réu não terá direito a recorrer em liberdade pois aguardou preso todo o transcurso do pro-

---

[172] GOMES FILHO, Antonio Magalhães. Op. cit., p. 19.

[173] *Apud* IBÁÑEZ. Op. cit., p. 26.

cesso", viola, de forma insofismável, a presunção de inocência, pois prende sem que haja o trânsito em julgado de qualquer decisão, impondo uma vergonhosa punição antecipada.

E se o recorrente reformar a decisão e for reconhecida sua inocência? Ou por qualquer outro meio for absolvido, ficar isento de pena ou for extinta a punibilidade? Haverá meio de compensar os dias de cárcere? Uma sociedade que se quer democrática pode tolerar a prisão de inocentes? Não!

O Estado garantista não pode sacrificar os direitos individuais em nome de uma pseudossegurança coletiva, não tangível e absolutamente irrealizável. Urge uma virada interpretativa das regras processuais, capaz de edificar uma nova realidade jurídica, amiga da justiça, defensora das garantias individuais e escudeira da liberdade.

4.2.2. Garantia da fundamentação da decisão que decreta a prisão cautelar

Como se sabe, tal princípio hoje está assegurado como garantia constitucional. A Constituição Federal estabelece que todos os julgamentos do Poder Judiciário serão públicos e que todas as decisões serão fundamentadas (art. 93, IX). Portanto, como salienta Barbosa Moreira,[174] vige aí a garantia constitucional.

É pela motivação que se aprecia se o juiz julgou com conhecimento de causa, se sua convicção é legítima e não arbitrária, tendo em vista que interessa à sociedade e, em particular, às partes saber se a decisão foi ou não acertada. E, somente com a exigência da motivação, da fundamentação, permitir-se-ia à sociedade e às partes a fiscalização da atividade intelectual do magistrado no caso decidido.[175]

Desse modo, são inconstitucionais, de forma fragorosa, as decisões judiciais simplesmente homologatórias do tipo "decreto a prisão, pois presentes os requisitos das cautelares, como a ordem pública". Ora, nada se disse com tal fundamentação! Em verdade, inexiste fundamentação!

---

[174] MOREIRA, José Carlos Barbosa. "A ausência de motivação torna a sentença nula, hoje, por força do preceito constitucional. O artigo 93, inciso IX, da Carta da República estabelece que toda decisão judicial tem de ser fundamentada, sob pena de nulidade; portanto, a cominação é de nível constitucional". (O que deve e o que não deve figurar na sentença. In: *Revista da Emerj*, v. 2, n. 8, p. 44, 1999).

[175] FAYET, Ney. *A Sentença Criminal e Suas Nulidades*. 5. ed. Rio de Janeiro: Aide, 1987.

O próprio Código de Processo Penal dispõe que a decisão que decretar, substituir ou denegar a prisão preventiva será sempre motivada (art. 315).

A efetividade da proteção constitucional da fundamentação das decisões judiciais, segundo Aury Lopes Júnior,[176] está pendente justamente nessa atividade, principal responsável por dar ou negar a tutela dos direitos fundamentais. Como consequência, o fundamento da legitimidade da jurisdição e da independência do Poder Judiciário está no reconhecimento de sua função de garantidor dos direitos fundamentais inseridos ou resultantes da Constituição. Nesse contexto, a função do juiz é atuar como garantidor dos direitos do acusado no processo penal (tutela do mais débil).

O processo deve ser um meio de diálogo e comunicação do Estado com a sociedade, daí o motivo pelo qual é inafastável da democracia a necessidade de motivação das decisões judiciais, mormente quando cerceadoras das liberdades individuais, tendo em vista a verdadeira zona gris comunicativa entre o jurisdicionado e o Estado.

Boa parte dos autores defende critérios de motivação que emprestam à medida cautelar a função de pena, buscando satisfazer o clamor ou a ordem pública e a possível prática de novos crimes etc.

Assim, dá-se esteio para uma fundamentação nitidamente inconstitucional, ofensiva aos princípios da presunção de inocência e da culpabilidade. Abstrai-se do Direito Processual o seu caráter instrumental, substituindo-o por uma sanção imediata e pronta, propulsora do exercício da violência estatal, em desrespeito ao princípio *nula poena sine iuditio*.[177]

Para Ferrajoli,[178] o valor fundante do princípio da motivação se expressa por sua natureza cognitiva e não potestativa do juízo. A decisão, nesse diapasão, fica vinculada à estrita legalidade e às provas. A fundamentação cumpre, dessa maneira, funções materiais e processuais.

A decisão, do ponto de vista formal, deve guardar absoluta conformidade com a lei e coerência com o material probatório, a fim de seja efetivamente democrática e passível de controle das partes.

Em decorrência disso, a motivação, a partir de sua função material, permite a fundamentação e o controle das decisões tanto em direito, pela violação da lei ou defeitos de interpretação ou de sub-

---

[176] LOPES JÚNIOR, Aury. *Crimes* ..., p. 52.
[177] ADOLFO RUSCONI, Maximiliano. Op. cit., p. 1365.
[178] FERRAJOLI Luigi. *Derecho*..., p. 640.

sunção, como em fato, por defeito ou insuficiência de provas ou por inadequada explicação do nexo entre convicção e provas.[179]

Não obstante, Salo de Carvalho[180] refere que junto com a forma material, o conteúdo dos argumentos deve ser (pre)determinado, fundamentalmente pela opção de o Direito Penal da modernidade instituir um modelo de direito penal do fato-crime, excluindo valorações de cunho eminentemente subjetivas.

Ou seja, a decretação da prisão processual deve estar fundamentada num dado da realidade, sem jamais atentar para critérios de índole subjetiva, afastados das características da cautelaridade.

Na lição de Ferrajoli,[181] em relação às funções processuais, a subjetivação da hipótese gera uma perversão inquisitiva do processo, dirigindo-o não mais à comprovação de fatos objetivos, mas para a análise da interioridade da pessoa julgada, obtendo como corolário, a degradação da verdade processual (empírica, pública e intersubjetiva controlável), em convencimento intimamente subjetivo e, portanto, irrefutável, do julgador.

Via de consequência, toda a decisão limitadora da liberdade individual, em razão da gravidade de suas consequências, haverá de ser devidamente fundamentada, pois o processo penal moderno equivale a um sistema de minimização do poder e maximização do saber judicial, pena de incongruência com as garantias constitucionais.[182]

---

[179] CARVALHO, Salo de. *Aplicação da Pena e Garantismo*. Rio de Janeiro: Lumen Juris, 2001, p. 32.

[180] Ibidem, p. 33.

[181] FERRAJOLI Luigi. *Derecho...*, p. 640.

[182] Não basta, tampouco, repetir a motivação de prisão anterior, conforme a seguinte decisão do Tribunal de Justiça do Estado do Rio Grande do Sul: "Prisão Preventiva. Despacho que manteve o decreto segregatório não fundamentado, apenas se reportando aos motivos daquele. Assiste razão ao impetrante, no entanto, no ponto em que alega a ausência de motivação do despacho de fl. 158, que manteve o decreto segregatório, eis que somente reportou-se aos fundamentos do decreto de origem para indeferir o pedido. Assim dispôs o sucinto despacho: '*Permanecem inalterados os fundamentos do decreto da prisão preventiva, pelo que indefiro o pedido formulado.*' Observa-se que tal decisão não está alicerçada no art. 93,inc. IX, da Constituição Federal, concluído pela necessidade da manutenção da segregação do paciente sem expor e fundamentar adequadamente seus motivos. A mera repetição dos pressupostos que autorizam a decretação, caracteriza evidente omissão a configurar constrangimento ilegal na segregação do paciente. Sendo assim, concede-se a ordem". (HC nº 70005810544, 2ª C. Crim, TJRS, Rel. Des. Delio Spalding de Almeida Wedy, j. 27.03.2003, boletim do IBCCRIM n. 127, maio de 2003).

5. Prisões cautelares e pré-cautelares no Brasil

5.1. Prisão em flagrante: conceito, objeto e natureza jurídica

A prisão em flagrante, segundo o art. 302, incisos I, II, III e IV, do Código de Processo Penal, é a prisão que ocorre quando o agente está "cometendo a infração penal, acaba de cometê-la ou é perseguido, logo após, pela autoridade, pelo ofendido ou por qualquer pessoa, em situação que faça presumir ser ele autor da infração, ou ainda na situação em que é encontrado, logo depois, com instrumentos, armas, objetos ou papéis que façam presumir ser ele autor da infração".

Para Carnelutti:[183]

> Según la tradición, tales presupuestos se resumen en la noción de la flagrancia. La expresión metafórica se refiere a la llama, que denota con certeza la combustión; cuando se ve la llama, es indudable que alguna cosa arde. Flagrancia es el delito, en general, mientras se ve, o sea para quien lo ve cometer; en otras palabras, para quien está presente a su cumplimiento.

A expressão "flagrante delito" ressalta a evidência do crime, a sua visibilidade, a ardência visual da ação criminosa. O flagrante nada mais é que a certeza visual do crime.[184]

O objeto da prisão cautelar, como já visto, é a proteção do sereno e seguro desenrolar do processo e do proficiente *jus puniendi*. No caso da prisão em flagrante, é preciso primeiro definir se ela possui as características da medida cautelar.

A prisão em flagrante, como se viu, está prevista nos arts. 301 e seguintes do Código de Processo Penal. Segundo a regra legal do art. 301, a autoridade policial e seus agentes deverão e qualquer do

---

[183] CARNELUTTI, Francesco. *Lecciones* ..., p. 77.
[184] FARIA, Bento de. *Código de Processo Penal*. Rio de Janeiro: Jacinto, 1942. v. I, p. 358.

povo poderá prender quem quer que seja encontrado em flagrante delito.[185]

Trata-se, segundo a doutrina tradicional, de medida administrativa, pois levada a efeito pela autoridade, sem ordem expressa do Poder Judiciário. Ademais, diz-se que a medida serve para garantir a incolumidade do material probatório, já que a prisão em flagrante, a não ser nos casos de crime instantâneo, afeta o *iter criminis* em pleno curso.

Outrossim, a prisão pré-cautelar, segundo parte da doutrina, serve à reação social, já que implica a evitação da impunidade, que se daria pela leniência da não prevenção do delito.

Para Banacloche Palao, o flagrante é uma medida pré-cautelar, pois não se destina a garantir o resultado final do processo, mas apenas busca colocar o detido ao dispor do juiz para que este aprecie a cautelaridade ou não da situação.[186]

Para Ferraioli e Dalia, *l'arresto in flagranza é uma Misure Pré-Cautelari Personali,* já que são absolutamente precárias, tendo em vista sua brevíssima duração.[187]

Esse também é o entendimento de Aury Lopes Júnior:

> Em síntese, o primeiro aspecto a ser destacado é que *a prisão em flagrante não é uma prisão cautelar, mas sim uma medida pré-cautelar.* Isto porque se destina a preparar, instrumentalizar uma futura medida cautelar. Por isso, é a única forma de detenção que a Constituição permite seja realizada por um particular ou pela autoridade policial *sem* ordem judicial.[188]

Portanto, ocorrida a prisão em flagrante, lavrado o auto pela autoridade competente dentro dos termos legais, a autoridade judicial o homologará. A antiga prática de transformar, sem a devida fundamentação, a prisão em flagrante em preventiva, não pode mais ser aceita, em virtude do disposto no art. 310 do Código de Processo Penal.[189]

---

[185] E aqui importa referir que magistrados e membros do Ministério Público somente poderão ser presos em flagrante de crime inafiançável. As respectivas prisões, por sua vez, deverão ser comunicadas ao Presidente do Tribunal de Justiça, ao qual se vincula o juiz (art. 33, parágrafo único, da Lei Orgânica da Magistratura Nacional – LC 35/1979), bem como ao Procurador-Geral, nos casos dos membros do *Parquet* (art. 41, parágrafo único, da Lei Orgânica do Ministério Público – LC 8.625/1993). No caso do Presidente da República, ele não poderá ser preso, senão após o trânsito em julgado, conforme art. 86, § 3º, da CF/88.

[186] BANACLOCHE PALAO, Julio. Op. cit., p. 291ss.

[187] FERRAIOLI, Marzia; DALIA, Andréa Antonio. Op. cit., p. 228ss.

[188] LOPES JÚNIOR, Aury. Crimes..., p. 52.

[189] Mesmo no caso de prisão em flagrante por tráfico de drogas, em que se diz não ser possível a liberdade provisória (Lei 11.343/06, art. 44), haverá de ser garantida a liberdade do sujeito passi-

Em verdade, a detenção em flagrante tem razão até o momento em que é levado o auto ao juiz, no prazo de 24 horas (art. 306, § 1º, do CPP). Após, como se viu, o juiz deverá manifestar-se, de forma fundamentada, sobre a existência ou não de circunstâncias que autorizem a prisão preventiva, para decretá-la, conceder a liberdade provisória com ou sem fiança, ou ainda outras medidas cautelares alternativas.

A simples decisão homologatória do magistrado, como a dizer "estão presentes as circunstâncias das cautelares ou reveste-se o auto das garantias legais" é inconstitucional ante o art. 93, IX, da Constituição Federal, pois não fundamentada.

Deve o magistrado vislumbrar o *fumus comissi delicti*, o *periculum libertatis* e a ameaça real e concreta ao conteúdo probatório ou à aplicação da lei penal para decretar a prisão preventiva.[190]

Apenas a título de ilustração, cabe comparar a situação do direito comparado:

– na Espanha, o detido em flagrante deverá ser apresentado ao juiz no prazo máximo de 24 horas (art. 496 da LECrim), momento em que será convertida a prisão preventiva ou será concedida liberdade provisória;

---

vo da prisão se não estiverem presentes as condições das cautelares. O Supremo Tribunal Federal, após várias decisões em sentido contrário, pacificou a questão, no HC 104.339, de 06.12.2012, relator o Ministro Gilmar Mendes, sob o argumento da inconstitucionalidade do art. 44 da Lei 11.343/06, pela violação da presunção de inocência, da fundamentação das decisões judiciais e do devido processo legal. Desse modo, não há prisão obrigatória, mesmo quando normas infraconstitucionais afirmam o contrário. Aliás, posição que já defendíamos em 2002 no mestrado, em *Teoria Geral da Prisão Cautelar e Estigmatização*. Lumen Juris, Rio de Janeiro, 2006.

[190] Leia-se a decisão a seguir da Ministra Laurita Vaz, do Superior Tribunal de Justiça: "Roubo Qualificado. Liberdade Provisória. Indeferimento. Ausência de Fundamentação. Decisão baseada na gravidade abstrata do delito e motivos genéricos de ofensa à ordem pública. *A decisão negativa do pedido de liberdade provisória feito por quem foi preso em flagrante delito, deve ser concretamente fundamentada, com a exposição dos elementos concretos e justificadores de que o réu solto irá perturbar a ordem pública, a instrução criminal ou a aplicação da lei penal. A gravidade do delito, por si só, não é razão suficiente para impedir o benefício da liberdade provisório*. Ordem concedida para assegurar a liberdade provisória ao paciente, se por outro motivo não estiver preso." (HC nº 28.014/MG, 5ª Turma, Rel. Min. Laurita Vaz, DJ 30.06.03, p. 283). Há também relevante decisão do Tribunal de Justiça do Estado do Rio Grande do Sul, do Desembargador Aramis Nassif, que exigia tal fundamentação, antes mesmo da reforma ocorrida em 2011: "Flagrante. Requisitos da Preventiva. Ausência. Segurança Pública. Responsabilidade do Estado. Constituição Federal. Garantias e Direitos Fundamentais do Cidadão. Responsabilidade do Juiz. O juiz é o guardião da Constituição e, dela como cláusulas pétreas, das garantias e direitos fundamentais do cidadão. Não o é da segurança pública, afeta ao Poder Executivo e, para antepor-se a presunção de inocência, ainda que o respeite, é função do Ministério Público construir a defesa da sociedade que ele, com tanta dignidade e grandeza representa, para desenvolver a crítica a conduta do agente, dispensando, pois, este cuidado dos juízes de direito, a não ser no momento nobre da sentença, quando, então, a luz das provas, poderá revogar o *status libertatis* do cidadão. Antes, para a prisão cautelar, exceção última, a fundamentação deverá vir com a demonstração cautelosa e prudente do *periculum libertatis*, o que não vejo presente na espécie. Ordem Concedida. (HC nº 70006050678, 5ª Câmara Criminal, TJRS, Rel. Des. Aramis Nassif, j. 23.04.2003)".

– na Alemanha (StPO, § 128), o detido deverá ser conduzido ao juiz do *Amtsgericht* em cuja jurisdição tenha ocorrido a detenção, de imediato ou quando muito no dia seguinte à detenção;

– na Itália, o *Códice de Procedura Penale* (art. 386.3), determina que a polícia deverá colocar o detido à disposição do Ministério Público o mais rápido possível ou no máximo em 24 horas, entregando junto o correspondente atestado policial;

– em Portugal, o Código de Processo Penal (art. 254, a) determina que no prazo máximo de 48 horas deverá ser efetivada a apresentação ao juiz, que decidirá sobre a prisão cautelar aplicável, após interrogar o detido e dar-lhe oportunidade de defesa (art. 28.1 da Constituição).[191]

5.1.1. Espécies do flagrante

5.1.1.1. Do flagrante próprio

O art. 302 do CPP, nos incisos I e II, traz as hipóteses do flagrante próprio. No inciso I, o agente "está cometendo a infração". No caso do inciso II, o agente "acaba de cometê-la".

Em tais casos, como antes referido, a prisão em flagrante possui íntima conexão com a busca da evitação da impunidade e da efetivação da justiça. Permanecer passivo, diante de tal realidade, acarretaria a total ineficácia do sistema processual penal.

Na verdade, há aí uma irrefutável relação entre a visualização do crime ou sua imediata sucessividade. Do ponto de vista da legalidade, torna-se impossível não levar em conta a questão da temporalidade em tais situações. Trata-se, pois, da própria efetividade do sistema jurídico que se coloca diante do jurista.

É claro que há uma diferença temporal entre os casos do inciso I e do inciso II do art. 302 do CPP. Contudo, em ambas as situações, não se pode negar, está-se diante do flagrante próprio, seja pela situação que presencia a ação delitiva, no momento em que ela está ocorrendo, seja pela situação que, embora não a presenciando no momento em que ela está ocorrendo, observa-se a situação quando o agente acaba de praticá-la.

5.1.1.2. Do flagrante impróprio

No caso do flagrante impróprio, o agente "é perseguido, logo após, pela autoridade, pelo ofendido ou por qualquer pessoa, em situação que faça presumir ser autor da infração penal".

---
[191] LOPES JÚNIOR, Aury. *Crimes...*, p. 74.

Em tais situações, compreende-se que devem estar presentes os seguintes elementos: a perseguição (elemento objetivo e pessoal), logo após o fato (a temporalidade), em situação que faça presumir ser autor da infração (um elemento de experiência).

Na lição de Eugênio Pacelli:

> O que deve ser decisivo aqui é a imediatidade da perseguição (cuja definição ainda veremos, adiante), para o fim de caracterizar a situação de flagrante. A perseguição, como ocorre em qualquer flagrante, pode ser feita por qualquer pessoa do povo (art. 301, CPP) e deve ser iniciada logo após o cometimento do fato, ainda que o perseguidor não o tenha efetivamente presenciado. Não há um critério legal objetivo para definir o que seja logo após mencionado no art. 302, devendo a questão ser examinada sempre a partir do caso concreto, pelo sopesamento das circunstâncias do crime, das informações acerca da fuga e da presteza da diligência persecutória. Sobre a expressão "situação que faça presumir ser ele o autor da infração", somente os dados da experiência do que ordinariamente acontece em relação às infrações penais daquela natureza (do caso concreto) é que poderão fornecer material hermenêutico para a aplicação da norma. Aqui, todo o cuidado é pouco, porque o que se tem por presente não é a visibilidade do fato, mas apenas da fuga, o que dificulta, e muito, as coisas, diante das inúmeras razões que podem justificar o afastamento suspeitoso de quem se achar em posição de ser identificado como autor do fato.[192]

Segundo Paulo Rangel, nesse caso, há uma prisão em flagrante por presunção. Trata-se, impropriamente, de um flagrante. Assim, a perseguição, dita pelo legislador, deve ser entendida nos precisos termos do que preceitua o art. 290, § 1º, *a* e *b*, do CPP, aplicado por analogia. Não sendo ininterrupta e contínua, não haverá prisão em flagrante, sendo caso de relaxamento de prisão, nos termos do que preceitua o art. 5º, LXV. Portanto, claro nos parece que, se a perseguição iniciar-se logo após, como manda a lei, não importa quanto tempo dure (um minuto, uma hora, um dia ou uma semana), uma vez alcançado o perseguido em situação que faça presumir ser ele autor da infração penal, estará ele preso em flagrante delito.[193]

Ademais, como salienta Aury Lopes Júnior, tal perseguição não exige contato visual com a prática do crime, mas um lapso exíguo que permita o início da perseguição logo após o fato.[194]

Não há dúvida de que tal previsão legal, embora aceita pela jurisprudência, pode conduzir, em situações pontuais, há casos de perversão da legalidade do flagrante, ou seja, o aproveitamento da expressão legal que permite uma presunção, para o estabelecimento de uma prisão.

---

[192] PACELLI, Eugênio. *Curso de Processo Penal*. São Paulo: Atlas, 2012, p. 526.
[193] RANGEL, Paulo. *Direito Processual Penal*. São Paulo: Atlas, 2013, p. 767/768.
[194] LOPES JÚNIOR, Aury. *Direito Processual Penal*. Saraiva: São Paulo, 2013, p. 810.

Deve, pois, ser ressaltado o papel do juiz na apreciação da legalidade dessa espécie do flagrante. Nos casos em que se verificou o delito e, imediatamente, deu-se a perseguição, não haverá problemas maiores. Contudo, naqueles casos em que se não verificou presencialmente o delito, mas que a perseguição se deu logo após, estabelecendo-se uma presunção, aí poderá estar aberta a porta para a prática de ilegalidades.

Trata-se, pois, de uma situação que pode estabelecer uma prisão por simples presunção, devendo ser trazidas à baila, no instante da lavratura e da homologação do flagrante, as ideias de razoabilidade e proporcionalidade, a fim de evitar um excesso, que venha a aniquilar a ideia de presunção de inocência.

5.1.1.3. Do flagrante presumido

Não parece adequada a aceitação dessa espécie de flagrante, que prevê a prisão naquelas situações em que o agente "é encontrado, logo depois, com instrumentos, armas, objetos ou papéis que façam presumir ser ele autor da infração" (art. 302, IV, do CPP).

Em primeiro lugar, importa dizer que não julgamos incorreta a qualificação desse flagrante como presumido, pois tal situação se constrói justamente *por presunção de flagrância*, em detrimento do suspeito. Assim, ofende-se a Constituição Federal e o princípio da presunção de inocência (art. 5º, LVII). *Ainda assim, a jurisprudência aceita tal espécie de flagrante.*

Relevante é aqui a ponderação de Eugênio Pacelli, que não vê uma diferença mais acentuada entre as situações do flagrante impróprio e do flagrante presumido. Para Pacelli, estar na posse de "instrumentos, armas, objetos ou papéis que façam presumir ser ele autor da infração" seria o mesmo que estar em "situação que faça presumir ser ele o autor da infração". O primeiro caso caracterizaria uma situação específica, e a outra, uma situação genérica. A diferença residiria em que, num caso, o sujeito seria perseguido e, no outro, encontrado. O relevante é que, segundo Eugênio Pacelli, "a regra da experiência" indicaria que, para haver encontro, deveria haver anterior perseguição. Não vê, pois, maiores problemas em tal espécie de flagrante.[195]

Na mesma linha, a lição de Paulo Rangel, no sentido de que:

O intérprete deve perceber que, por uma interpretação sistemática, o art. 302 do CPP tem uma escala decrescente de imediatidade ... Deve-se levar em consideração, ain-

---

[195] PACELLI, Eugênio. *Curso de Processo Penal*. São Paulo: Atlas, 2012, p. 526/527.

da, que no flagrante presumido não há o elemento volitivo, ou seja, a vontade de encontrar o autor do fato, pois o encontro pode ser meramente ocasional.

Para completar, em seguida, que:

Não podemos esquecer de que há um interesse público do Estado na apuração e repressão aos crimes, e que, portanto, deve-se dar ao juiz maior discricionariedade na análise do elemento temporal quando se tratar de flagrante presumido.[196]

Em que pese a relevância de tais ponderações, não parece, que em primeiro plano, haja identidade entre o flagrante impróprio e o flagrante presumido. O que se percebe é uma diferença de lapso temporal entre um e outro caso, como salientou Paulo Rangel, no sentido de que no caso de um flagrante impróprio houve perseguição e, no outro caso, um encontro.

O controverso é aceitar como legítima a prisão em flagrante que não decorre de uma perseguição, mas de um encontro casual, ainda que o Estado tenha interesse na persecução criminal.

Basta supor a situação de um indivíduo, não detido em flagrante, mas que é encontrado com uma faca, que seria objeto de um crime. Tal fato, só por si, induz a prisão, sem que tenha havido a visualização do crime ou a perseguição logo após a sua prática? O risco de cometimento de injustiça não é pequeno.

Para Aury Lopes Júnior, "esse é o flagrante mais fraco, mais frágil e difícil de se legitimar". Para o referido autor, esse "encontro" deve ser "causal e não casual".[197] Assim, haveria de ser repelido o flagrante decorrente de "barreira policial", sem que tal "barreira" fosse rotineira e não tivesse relação com o crime praticado pelo agente. Não haveria, pois, situação de flagrância, mas prisão casual.

Aqui é ponto nevrálgico dessa questão: a situação de flagrância. Como foi referido antes, o flagrante é uma prisão pré-cautelar, de forma que só se pode dar em situações excepcionais. No caso do inciso IV, o que se dá, em verdade, na ampla maioria das vezes, é a prisão não pela flagrância, mas pelo acaso.

Desse modo, percebe-se que tal espécie de prisão, em que pese esteja prevista na legislação infraconstitucional, deve ser interpretada sob o manto da Constituição Federal, sendo aceita apenas naquelas situações em que se verifica uma relação de causalidade entre a medida e o fato criminoso, mas jamais a partir de um mero acaso.

---

[196] RANGEL, Paulo. *Direito Processual Penal*. São Paulo: Atlas, 2013, p. 770/771.
[197] LOPES JÚNIOR, Aury. *Direito Processual Penal*. Saraiva: São Paulo, 2013, p. 811.

5.1.1.4. Dos flagrantes forjados, provocados e preparados e as deletérias figuras dos agentes infiltrados, encobertos e provocadores

Tais espécies de flagrantes não são aceitos pela jurisprudência dos Tribunais Superiores.

No primeiro caso, em que se trata de *flagrante forjado*, o que se tem na verdade é a construção de uma situação irreal e fictícia, que se assemelha com um flagrante legal. Tal situação não é incomum em casos de porte de arma e tráfico de drogas, nas quais armas ou drogas são introduzidas para tentar legalizar ou coadjuvar uma prisão ou ação ilegal. Contudo, é pacífico que tal flagrante é ilegal e, via de regra, criminoso.

O problema maior se dá com a linha tênue que muitas vezes divide a atuação de *agentes provocadores, infiltrados ou encobertos* e os casos de *flagrante provocado, preparado e esperado*. A legislação brasileira prevê expressamente, em determinadas situações, a utilização de agentes infiltrados para a apuração de ilícitos penais.[198] A jurisprudência, por sua vez, entende *como ilegais os flagrantes provocado e preparado*, mas como *legal o flagrante esperado*.

No caso do flagrante preparado, há como que a preparação, de todo o ambiente que propicia a prática delitiva, de modo que o crime é autoinduzido. No caso do flagrante provocado, mais do que a preparação, o que se dá é a ostensiva provocação e instigação delitiva, como nos casos de tráfico de drogas, em que pessoas são instadas a buscar drogas para entregar ao agente provocador.

---

[198] A Lei 9.034/95, por exemplo, que trata da utilização de meios operacionais para prevenção e repressão de ações praticadas por organizações criminosas, prevê, no inciso V, do art. 2º, que em qualquer fase da persecução criminal são permitidos, sem prejuízo dos já previstos em lei, os seguintes procedimentos de investigação e formação de provas: [...] "V – infiltração por agentes da polícia ou de inteligência, em tarefas de investigação, constituída pelos órgãos especializados pertinentes, mediante circunstanciada autorização judicial. Parágrafo único. A autorização judicial será estritamente sigilosa e permanecerá nesta condição enquanto perdurar a infiltração.". Também prevê a infiltração, por exemplo, a Lei 11.343/06, que trata dos crimes relacionados às drogas, dispondo, o art. 53 do referido diploma legal, que "em qualquer fase da persecução criminal relativa aos crimes previstos nesta Lei, são permitidos, além dos previstos em lei, mediante autorização judicial e ouvido o Ministério Público, os seguintes procedimentos investigatórios: I – a infiltração de agentes de polícia, em tarefa de investigação, constituída pelos órgãos especializados pertinentes". Ou seja, há previsão legal expressa sobre tal possibilidade. Entretanto, muito pouca é a reflexão acerca da repercussão constitucional desses institutos. E muito pouca também é a repercussão da efetiva infiltração de agentes em tais situações. Isso tudo a revelar a pouca densidade do instituto na realidade brasileira, bem como a insegurança jurídica dele decorrente, em razão da atuação do agente infiltrado. Contudo, impõe-se aqui a reflexão sobre a legitimidade desse procedimento, violador não raro da garantia da intimidade, bem como postado numa linha limítrofe com a figura do agente provocador, repelida pela jurisprudência.

Importa, pois, estabelecer a inequívoca relação entre os flagrantes preparado e provocado, e a atuação dos agentes infiltrado, encoberto e provocador.

Na Alemanha, como salienta Costa Andrade, há uma tendência de aceitar as informações de um agente infiltrado, diferentemente do que ocorre no direito americano.[199] E também há uma generalizada tendência dos testemunhos de "ouvir dizer".[200]

No entanto, não se pode negar que a utilização do agente infiltrado ou do agente encoberto, nem de longe, alcançou a "popularidade" prática do agente provocador ou daquela situação que se pode afirmar de flagrante esperado, na qual "não há intervenção de terceiros na prática do crime, mas informação de sua existência",[201] que será apreciada adiante.

Em primeiro lugar, relevante é que não se confundam as figuras do agente infiltrado e do agente encoberto. Segundo Polastri Lima, o agente infiltrado é o que oculta sua identidade e sua qualidade para fins de obtenção de provas para incriminar o suspeito, de forma a ganhar sua confiança e, assim, passar a fazer observação, passar informações. Já o agente encoberto atua em passividade, ficando na espreita, a fim de obter informações e provas.[202]

Como diz Aires de Sousa, a doutrina e a jurisprudência têm distinguido as figuras do agente provocador e do agente infiltrado.

O agente infiltrado é uma técnica de investigação que consiste, essencialmente, na possibilidade de agentes da polícia criminal ou terceiros sob a sua direcção contactarem os suspeitos da prática de um crime com ocultação de sua verdadeira identidade, actuando de maneira a impedir a prática de crimes ou a reunir provas que permitam a efectiva condenação dos criminosos. O agente provocador é definido como "membro

---

[199] ANDRADE, Manuel da Costa. *Sobre as proibições de prova em processo penal*. Coimbra: Coimbra Editora, 2006, p. 163-164.

[200] Ibid., p. 165.

[201] PACELLI, Eugênio. *Curso de processo penal*. 13. ed. Rio de Janeiro: Lumen Juris, 2013, p. 528 e ss. Embora a doutrina e a jurisprudência venham aceitando a legalidade do flagrante esperado, relevante é a crítica de Eugênio Pacelli de Oliveira, pois afirma, com razão, ao menos em nossa perspectiva, que mesmo numa situação em que a polícia apenas espera a ocorrência do delito, ela também estará, de antemão, evitando a consumação do delito. Dessa forma, não nos parece apropriada a diferenciação que se faz de flagrante preparado e flagrante esperado, com base apenas na eventual passividade da atuação policial. Em ambos os casos, a polícia terá total possibilidade de evitar a consumação. Essa não parece ser a diferença. E, o mais grave, é que, assim, ao invés de manter intocada uma relação onto-antropológica de cuidado de perigo e de proteger um bem jurídico, muitas vezes o que se dá é a espera da lesão, da ofensa, para, só após, o Estado passar a agir, sob os auspícios de uma visão utilitarista e eficientista de processo, que não se coaduna com um ideário equilibrado e ponderado, capaz de congregar justiça, garantias e eficiência.

[202] LIMA, Marcellus Polastri; AMBOS, Kai. *O processo acusatório e a vedação probatória perante as realidades alemã e brasileira*. Porto Alegre: Livraria do Advogado, 2009, p. 166.

da autoridade policial ou um civil comandado pela polícia, que induz outrem a delinquir por forma a facilitar a recolha de provas da ocorrência do facto criminoso". Ou seja, o agente provocador impulsiona o suspeito à prática de actos ilícitos, agindo, por exemplo, como comprador ou fornecedor de bens ou serviços ilícitos. O agente infiltrado limita-se a ganhar a confiança do suspeito, para ter acesso a informações, planos, confidências.[203]

Como referimos anteriormente, os tempos atuais são generosos na propositura desses meios invasivos de investigação. E, nesses tempos modernos, o método do agente infiltrado ou encoberto vem sendo, cada vez mais, defendido pelos órgãos de investigação criminal e de persecução criminal, em que pese a dificuldade de sua operacionalidade prática, até mesmo para garantir a segurança, a integridade e a intimidade desses agentes.

E não apenas são defendidos por esses órgãos, como passaram a ser incluídos em boa parte das legislações processuais penais. Basta ver, por exemplo, os casos de Brasil, Portugal e Alemanha.[204]

Tudo isso é fruto de um pensamento que acaba por unir, numa névoa de confusão, investigações com ou sem garantias mínimas. É como se o "combate ao crime" colocasse os órgãos de investigação e seus direitos num patamar moral de superioridade, em detrimento dos direitos de garantia. E, sob a alegação de combater "o terrorismo", "a criminalidade organizada", "o tráfico de drogas", "a criminalidade econômica", esses meios invasivos, cada vez mais, são colocados ao dispor dos órgãos de investigação, ainda que por vezes se trate de crimes sem qualquer violência ou grave ameaça.

O risco indelével que aqui se corre é o de erigir uma categoria ou espécie de meio de prova, absolutamente violadora da intimidade e, portanto, refratária, no seu âmago, àquelas ideias mais caras acerca de garantias fundamentais que antes referimos.

A figura do agente infiltrado não apenas viola uma regra básica de confiança entre as pessoas, mas introduz, na investigação criminal, uma prática capaz de obter "provas" advindas de invasões sem precedentes da intimidade, desde confissões "caseiras", até a obtenção não autorizada de provas dentro dos espaços de intimidade dos suspeitos. Uma forma grave de obtenção e "fabricação" de provas.

Ademais, a figura do agente infiltrado suscita uma série de dificuldades para a própria eficiência e estabilidade das investigações.

---

[203] SOUSA, Susana Aires de. "*Agent Provocateur* e meios enganosos de prova. algumas reflexões". In: *LIBER Discipulorum para Jorge de Figueiredo Dias*. Coimbra: Coimbra Editora, 2003, p. 1222-1223.

[204] Em Portugal, as investigações encobertas estão principalmente na Lei 101/2001 e na Lei 5/2002. Na Alemanha, especialmente no Código de Processo Penal.

Como se daria a "infiltração"? Com a prévia autorização judicial, com poderes delimitados e ordens claras, com autorização para a prática de delitos excepcionalmente? Até que ponto poderia agir o agente infiltrado? E se cometesse delitos? Seria responsabilizado ou atuaria sob o abrigo de uma excludente ou justificante? O fato seria típico? Seria inculpado por esses delitos? E depois de sua atuação, o agente infiltrado teria a identidade trocada? Seus atos de colaboração com os criminosos seriam responsabilizados ou não?[205] Haveria um sem-fim de interrogações, cuja prática da dogmática atual ainda não conseguiu responder e, talvez, sequer possa ou consiga responder.

Na atualidade, tantos são os problemas que a atuação desses agentes tem sido reduzida, em que pese a celeuma que está a levantar. Não obstante, é preciso reconhecer que essa figura é absolutamente instigadora, não raro, da própria prática delitiva. E aí se estabelece, mais uma vez, aquela confusão entre agentes da autoridade e criminosos.

Em muitas ocasiões, a figura do agente infiltrado se confunde com a figura do agente provocador, que é rechaçado pela maioria dos ordenamentos democráticos, já que, muitas vezes, pune ou objetiva punir um crime impossível, que não se consumaria, caso não houvesse a ação decisiva do agente provocador ou infiltrado, conforme o art. 17 do Código Penal. Ou seja, o Estado acaba por instigar o delito, e não, preveni-lo.

Trata-se, pois, de repelir uma figura que perverte uma ideia de investigação probatória escorreita, ética, justa e equilibrada. Por certo que alguns dirão: como se poderia falar em ética, em moral, em justiça, entre criminosos e quadrilheiros?

Mas o fato que se deve realçar está justamente centrado nessa questão. O Estado, para seguir aquela aporia já referida por Hassemer, não pode perder a prevalência moral sobre o crime. Utilizar o subterfúgio da "infiltração" é proceder como os próprios criminosos, usando o ardil, o engodo e a manipulação, como regra de agir. Tudo isso num quadrante histórico em que a pletora de instrumentos em favor do Estado investigador está prodigalizada.

---

[205] No caso de instigação, que se pode dar inclusive por omissão, basta imaginar a criação de um vínculo de confiança entre o agente infiltrado e o suspeito, a responsabilização do instigador não é de se desprezar. Se é verdade que o instigador não teria duplo dolo, de modo que não responderia pelo delito, verdade também é que, para Eduardo Correia e Faria Costa, poderia responder pelo fato criminoso se houvesse dolo eventual. Em SOUSA, Susana Aires de. "*Agent provocateur* e meios enganosos de prova. algumas reflexões". In: *LIBER Discipulorum para Jorge de Figueiredo Dias*. Coimbra: Coimbra Editora, 2003, p. 1226-1227.

Ora, os meios de investigação, por significarem uma efetiva e contundente violação de direitos fundamentais, em muitas ocasiões, devem ser conduzidos absolutamente de acordo com a Lei, com a Constituição e, acima de tudo, de acordo com os paradigmas de garantias de um Estado Democrático.

Esquecer isso seria o mesmo que estruturar órgãos de investigação e de persecução penal próprios de outros tempos, mais alinhados com o desprezo pelas garantias que estamos a zelar.

Como diz Flávia Loureiro, "de uma outra perspectiva, podemos fazer incidir a nossa lente sobre a utilização de agentes encobertos ou infiltrados, opção comumente apontada como uma das mais importantes – porque das mais eficazes – no combate à criminalidade de alto nível. Desconsiderando, por não caber aqui, a fronteira tênue e de muito difícil concretização entre agente encoberto e agente provocador, alvo sempre de tantas reflexões, teremos que referir ser esta talvez a mais obtusa forma de obtenção de provas no seio do processo criminal, uma das quais invade a esfera do outro, já que faz com que o agente de investigação adentre na vida do cidadão alvo da suspeita, passando a fazer parte dela, com o único fito de conseguir provas que permitam incriminá-lo".[206]

E, acima de tudo, importa repelir a prisão em flagrante que decorre de tais meios, em razão da afetação para o direito ao silêncio (art. 5º, LXIII, da CF/88),[207] para a intimidade (art. 5º, X, da CF/88),[208] para o contraditório e para a ampla defesa (art. 5º, LV, da CF/88).[209]

O que se dizer então do agente provocador, que acaba por gerar inúmeros casos de flagrantes provocados, preparados e espera-

---

[206] LOUREIRO, Flávia Noversa. "A (i)mutabilidade do paradigma processual penal respeitante aos direitos fundamentais em pleno século XXI". In: MONTE, Mário Ferreira *et al.* (org.). *Que futuro para o direito processual penal?* Coimbra: Coimbra Editora. 2009, p. 280. A Lei portuguesa (101/2001), no seu art. 1º, n. 2, dispõe: "consideram-se ações encobertas aquelas que sejam desenvolvidas por funcionários de investigação criminal ou por terceiro actuando sob o controlo da Polícia Judiciária para prevenção ou repressão dos crimes indicados nesta lei, com ocultação de sua qualidade e identidade". Sobre o tema, SOUSA, Susana Aires de. "'Agent provocateur' e meios enganosos de prova: algumas reflexões". In: *LIBER Discipulorum para Jorge de Figueiredo Dias*. Coimbra: Coimbra Editora, 2003, p. 1207 e ss.

[207] Art. 5º, LXIII, da Constituição Federal de 1988: "o preso será informado de seus direitos, entre os quais o de permanecer calado, sendo-lhe assegurada a assistência da família e de advogado;".

[208] Assim dispõe o art. 5º, X, da Constituição Federal de 1988: "são invioláveis a intimidade, a vida privada, a honra e a imagem das pessoas, assegurado o direito a indenização pelo dano material ou moral decorrente de sua violação".

[209] O art. 5º, LV, da Constituição Federal de 1988 é expresso sobre tais garantias: "aos litigantes, em processo judicial ou administrativo, e aos acusados em geral são assegurados o contraditório e ampla defesa, com os meios e recursos a ela inerentes".

dos. Em Portugal, o agente provocador está enquadrado nos métodos proibidos de prova, *sub specie* meios enganosos. Nesse sentido Costa Andrade, Maria João Antunes, Mário Ferreira Monte. Já para Germano Marques da Silva, a atuação do agente provocador constituiria sempre uma violação do princípio democrático.[210]

No Brasil, a ação do agente provocador que gera um flagrante preparado acaba por incidir na Súmula 145 do Supremo Tribunal Federal: *"Não há crime, quando a preparação do flagrante pela polícia torna impossível a sua consumação"*. Trata-se, pois, de conduta repelida pela jurisprudência e pela doutrina. Contudo, na prática, há uma névoa que encobre as figuras do agente encoberto ou infiltrado e do agente provocador. Não é simples, na prática, distinguir, como já referimos, as situações de um flagrante esperado e de um flagrante preparado. Mas, se repelimos, com vigor, as deletérias figuras do agente infiltrado e do agente encoberto, ainda devemos repelir, com mais empenho, a figura do agente provocador. E isso se dá em razão da natural amoralidade desse meio de prova. Uma sistemática invasiva e que nada mais faz do que instigar, em situações propícias, a prática do delito.

Como diz Costa Andrade:

> As dificuldades começam logo a ganhar relevo quando se questiona a legitimidade ético-jurídica do procedimento, máxime nas formas mais expostas de *Lockspitzel*. Isto é, em que o homem de confiança se converte em *agent provocateur*, precipitando de algum modo o crime: instigando-o, induzindo-o, nomeadamente, aparecendo como comprador ou fornecedor de bens ou serviços ilícitos. É, na verdade, cada vez mais forte o coro de vozes que, tanto no direito alemão como americano, contestam abertamente a solvabilidade ético-jurídica desta prática. Aponta-se para a imoralidade do Estado que com uma mão favorece o crime que quer punir com a outra. Acabando, não raro, por atrair pessoas que de outro modo ficariam imunes à delinquência e potenciando os factores da extorsão, da violência e do crime em geral.[211]

No mais das vezes, o agente provocador "empurra" o agente para a prática delitiva. Aproveita-se de circunstâncias excepcionais, em geral, criadas por ele próprio, para, logo adiante, insuflar o agen-

---

[210] Tudo em SOUSA, Susana Aires de. *"Agent provocateur* e meios enganosos de prova. algumas reflexões"*. In: *LIBER Discipulorum para Jorge de Figueiredo Dias*. Coimbra: Coimbra Editora, 2003, p. 1231. No mesmo sentido se inclina a jurisprudência, considerando nulas as provas obtidas mediante provocação. Relevante aqui é recordar a condenação que sofreu o Estado português, por parte do Tribunal Europeu dos Direitos Humanos, por violação do art. 6, § 1°, da CEDH. No caso, dois agentes da PSP contactaram por várias vezes um suspeito de tráfico para financiar seu próprio consumo, esperando conseguir chegar, através dele, a um fornecedor. Tendo chegado ao fornecedor, cujo nome era Teixeira de Castro, este foi preso no acto de venda da droga para os policiais, na casa do primeiro suspeito, após solicitação. Ibid., p. 1232-1233.

[211] ANDRADE, Manuel da Costa. *Sobre as proibições de prova em processo penal*. Coimbra: Coimbra Editora, 2006, p. 221 e ss. De forma muito desenvolvida também o tema no direito americano, acerca da ideia de não punição do provocado, em razão da chamada *defense of entrapment*. Ibid., p. 228 e ss.

te para a perpetração do crime. Há aí uma conduta amoral, pois cria, não raro, um vínculo psíquico, tal qual nos casos do agente infiltrado, entre o provocador e o agente.[212]

O agente provocador, em tal situação, constrói, no mais das vezes, o cenário delitivo. Utiliza-se de um ardil, de um engodo, de um artifício, para induzir o acusado para a prática do delito. Trata-se de uma conduta que atenta contra uma certa equidistância que deveria nortear a postura dos órgãos de investigação, sejam eles policiais ou oriundos do Ministério Público. Como diz Costa Andrade, citando Müssig e Köhler, no caso do agente provocador,

> há em primeira linha a reconformação (*Umgestaltung*) estratégica do ambiente pessoal. As declarações provocadas não acontecem num ambiente privado apenas carregado com os normais riscos de informação, mas num contexto que foi exclusiva ou decididamente redefinido e modelado por autoridades estaduais de investigação. Trata-se de uma privatização da produção estadual da informação.[213]

Nessa condição, o acusado, sem sombra de dúvida, é flagrado numa situação que lhe é propícia e instigadora do delito. Fragilizado por essa condição, acaba por delinquir, aproveitando-se da evidente instigação do agente provocador, ocasionando situações de flagrante preparado e/ou provocado.

Trata-se, pois, de uma situação muito grave, que com os meios tecnológicos dos tempos atuais, cria as maiores capacidades de fabricação e formulação de provas, de forma a aniquilar garantias e alcançar a verdade e a justiça com um preço altíssimo.

De outra parte, a figura do agente provocador e do flagrante preparado ou provocado pode gerar uma vinculação perigosa entre autoridades legais e o crime. Cria-se, assim, uma relação espúria, embasada na traição e no ardil. Um Estado que faz do ardil e da violação da confiança uma forma de agir, uma praxe de investigação.

---

[212] É verdade, como dissemos, que, no Brasil, o flagrante provocado é repelido formalmente, pois impede, de qualquer modo, a consumação do delito. Basta ver o art. 17 do Código Penal e a súmula 145 do Supremo Tribunal Federal. O mesmo não se pode dizer das ações dos agentes infiltrados ou encobertos, pois, em geral, a flagrância em tais casos é considerada, comumente, um flagrante esperado. E é aí que se dá o problema, pois, via de regra, a ação do agente provocador é transformada em mera espera do flagrante, de forma que é tornada rarefeita a linha limítrofe entre agente infiltrado ou encoberto e agente provocador. É muito tênue essa linha. Usando uma imagem de Faria Costa, já referida noutro contexto, pode-se afirmar que caminhamos aqui "sobre a linha", perigosamente. Tudo a exigir o afastamento dessas figuras trágicas presentes na investigação criminal.

[213] ANDRADE, Manuel da Costa. "Métodos ocultos de investigação (Plädoyer para uma teoria geral)". In: FRANCO, Alberto Silva *et al.* (org.). *Justiça penal portuguesa e brasileira:* tendências de reforma: Colóquio em homenagem ao IBCCRIM. São Paulo: 2007, p. 108.

Como reconhecer a idoneidade de uma prisão ou de uma prova decorrente de uma situação na qual o indivíduo é, não raro, instado à prática delitiva? Como admitir que o Estado perca a prevalência moral sobre o delito, agindo a partir da violação da confiança? Como aceitar uma forma de coibir o crime instigando o próprio crime?

Romper com prisões desse viés é o mais adequado num paradigma garantista e eficiente. Sabemos que uma posição assim, mais frontal, é passível de críticas, principalmente uma crítica sobre a pretensa ineficiência de um sistema constituído dessa forma. Porém, entendemos que o momento atual impõe uma enérgica ação de bloqueio, sob pena de se legitimar medidas invasivas de prisão e coleta de prova, que servirão no âmbito de processos penais que deveriam estar norteados pela proteção dos direitos humanos e pela extensão do rol de garantias individuais.

Tais prisões devem continuar a ser repelidas num contexto democrático, pois fomentam autênticas perversões contra a intimidade, contra o *nemo tenetur se detegere*, contra o direito ao silêncio, contra a liberdade e, não se pode negar, contra a moralidade, que deve caracterizar as ações do Estado. Aliás, qual a moral de uma sociedade em que o Estado, para perseguir os delitos, os instiga e induz? Qual a moral de uma sociedade em que o Estado faz da violação da confiança um método de investigação? Qual a moral de uma sociedade em que o Estado, que combate delitos, instiga os seus próprios agentes a praticarem um delito para perseguir pretensos criminosos?

Por tudo isso, entendemos que aqui não se pode abandonar as trincheiras, sob pena de nos responsabilizarmos, mais adiante, pelo incremento acentuado da redução das liberdades e em razão da repercussão que um Estado assim terá para a ideia de Justiça como ponderação, equilíbrio, serenidade. Ainda que se alcunhe um posicionamento assim de conservador, não podemos deixar de ficar do lado da conservação de garantias, em detrimento de sua futura destruição, enfraquecimento ou ineficiência.

5.1.1.5. Do flagrante esperado e diferido

A referida espécie de flagrante esperado é aceita pela jurisprudência. O fundamento, em geral, que dá aceitabilidade para essa espécie de flagrante, é a passividade do agente policial, que não intervém no processo delitivo, mas aguarda a sua prática.

Num tópico, porém, é preciso concordar com a ponderada crítica de Eugênio Pacelli, acerca de difícil separação entre flagrante esperado e provocado.[214] De fato, na concretude dos processos penais, nas situações fáticas do cotidiano da vida forense, muitas vezes não é fácil discernir o flagrante esperado do provocado, apenas com base na dita passividade da ação policial. Como bem refere Pacelli, isso se dá em muitas ações nas quais repórteres, acompanhados de agentes policiais, se passam por compradores de determinados produtos ou serviços, efetivando a prisão no instante do pagamento do preço acertado. Trata-se, pois, de evidente flagrante preparado ou provocado.

Porém, o que nos parece é que a legitimidade de qualquer prisão decai no instante em que o Estado, que deveria evitar o delito, o instiga ou provoca, seja por seus agentes, ou por terceiros orientados por seus agentes.

Ademais, não nos parece acertada a comparação do flagrante preparado com a situação da participação por determinação, pois num caso é o Estado que está a provocar ou instigar o delito, por si ou por terceiros, e no outro não, não há intervenção estatal.

O caso do flagrante diferido também é previsto e aceito pela legislação brasileira, naquelas situações, por exemplo de crime organizado, no art. 2º, II, da Lei 9.034/95. Trata-se, na verdade, de uma autorização legislativa para que a prisão em flagrante se dê em momento mais oportuno, a fim de se não prejudicar as investigações. O risco que se estabelece aí é o da excessiva arbitrariedade na efetivação do flagrante. Porém, é uma situação que se apresenta como inevitável, diante da dificuldade de enfrentamento da criminalidade organizada. Daí a necessidade da intervenção do Ministério Público, a fim de verificar a plena legalidade do ato.

5.1.1.6. Do flagrante nos casos de crimes permanentes, ação penal privada, crimes habituais e outras situações especiais

Conforme o art. 303 do CP, nas "infrações permanentes, entende-se o agente em flagrante delito enquanto não cessar a permanência". Assim, naqueles casos em que a ação delitiva se prolonga no tempo, como o sequestro, extorsão mediante sequestro, a prisão se poderá dar em qualquer instante em que estiver a ocorrer a conduta criminosa. O mesmo se dá nos casos de tráfico de drogas, por exemplo (art. 33

---

[214] PACELLI, Eugênio. *Curso de processo penal*. 13. ed. Rio de Janeiro: Lumen Juris, 2013, p.530.

da Lei 11.343/06), ou na ocultação de bens, direitos e valores (art. 1º da Lei 9.613/98). Em tais situações, a conduta se arrasta no tempo, de modo que a prisão em flagrante poderá ocorrer de plano.

Nos casos de ação penal privada, via de regra, tais delitos são de menor potencial ofensivo, regidos pela Lei 9.099/95, que veda a prisão em flagrante, caso o sujeito seja encaminhado para o Juizado Especial ou assuma o compromisso de comparecer em Juízo (art. 69, parágrafo único), de modo que está praticamente em desuso a prisão nesses casos, exceto naquelas situações de ação penal pública condicionada a representação.

Nos casos de crimes habituais, seria possível a prisão em flagrante no caso de tentativa, com a interrupção do *iter criminis*, como refere Aury Lopes Júnior.[215] Em sentido contrário, acerca da impossibilidade da prisão em flagrante nos crimes habituais, encontra-se Paulo Rangel, para quem tais crimes *"constituem um mero hábito ou estilo de vida e, consequentemente, ao serem flagrados, não se encontram no conceito de delitos para permitirem prisão ... Destarte, sendo o ato isolado um indiferente penal, não há que se falar em prisão em flagrante".*[216] Aqui nos parece que a possibilidade da prisão deverá ser avaliado, pontualmente, nos casos concretos. Há situações de crimes habituais em que, pela reiteração de condutas, não estaremos diante de hábitos ou estilos de vida, mas de uma conjunção de diferentes condutas, que, uma vez observadas, poderão constituir um delito. Ou seja, a conduta poderá ser travada durante o percurso do crime, o *iter criminis*, de modo que não se vê, aí, uma impossibilidade absoluta para a ocorrência do flagrante. É, claro, em algumas situações, de outra parte, poderá se dar aquela situação apontada por Paulo Rangel, de forma que aí sim será impraticável o flagrante. Cabe, pois, um exame meticuloso de cada caso em concreto, para verificar a possibilidade ou não do flagrante.

Também não se imporá prisão em flagrante nos casos dos crimes de trânsito, quando o agente prestar pronto e imediato socorro para a vítima (art. 301 da Lei 9.503/97).

Por fim, importa referir que magistrados e membros do Ministério Público só poderão ser presos em flagrante delito de crime inafiançável. O Presidente da República, por sua vez, não poderá ser preso em flagrante, conforme o art. 86, § 3º, da CF/88.

---

[215] LOPES JÚNIOR, Aury. *Direito Processual Penal*. Saraiva: São Paulo, 2013, p. 815.
[216] RANGEL, Paulo. *Direito Processual Penal*. São Paulo: Atlas, 2013, p. 775.

5.1.1.7. O procedimento da prisão em flagrante e a necessidade de fundamentação da prisão temporária ou preventiva

Segundo o disposto no art. 304 do CPP, após a apresentação do preso em flagrante para a autoridade, esta ouvirá o condutor, colhendo a sua assinatura, bem como procederá à oitiva das testemunhas e ao interrogatório do preso. É evidente, em razão do direito ao silêncio, que o preso só falará se quiser, pois não há nenhuma obrigação constitucional de que ele fale. Portanto, é evidente que ele possui o direito de permanecer em silêncio.[217] Caso o preso se negue a assinar o interrogatório, não souber assinar ou não puder fazê-lo, o auto de prisão em flagrante será assinado por duas testemunhas.

O condutor, portanto, deve receber cópia do termo e recibo de entrega do preso.

O art. 306 do CPP, por sua vez, dispõe que a prisão será comunicada "imediatamente" ao juiz competente, ao Ministério Público e à família do preso ou pessoa por ele indicada. Trata-se, pois de uma inovação, quando determina que o Ministério Público tenha conhecimento da prisão imediatamente, justamente para verificar também a legalidade da prisão.

Outra garantia que foi disposta na norma processual penal é aquela prevista no § 2º do art. 306 do CPP, que prevê o prazo máximo de 24 horas, desde a prisão, para que o auto seja remetido ao juiz competente, com cópia integral para a defensoria pública, caso o autuado não informe o advogado. O preso, por sua vez, receberá a nota de culpa, devidamente assinada pela autoridade.

Uma vez autuado o flagrante pela autoridade policial, ele deve ser remetido para a autoridade judicial. Caberá, pois, ao juiz, verificar a legalidade do flagrante, bem como a necessidade, razoabilidade e proporcionalidade de uma prisão temporária ou preventiva ou outra medida cautelar alternativa, conforme o art. 310 do CPP. Assim, caso a prisão seja ilegal, caberá ao juiz relaxá-la. Quando presentes os requisitos do art. 312 do CPP, que autorizam a prisão preventiva, o juiz deverá optar, levando em conta critérios de necessidade, adequação e suficiência, entre a prisão preventiva ou outra medida cautelar alter-

---

[217] É claro e inequívoco, de outra banda, que tal direito se vê violado quando o preso não possui advogado ou quando são fabricadas autênticas "confissões caseiras", com o acompanhamento de "profissional" indicado pela própria autoridade policial. Para Aury Lopes Júnior, o advogado do preso poderia inclusive fazer perguntas, em nome do contraditório e da ampla defesa, ainda que eles sejam menos elásticos na investigação preliminar. Embora não haja previsão infraconstitucional, o que importa é que se cumpra a Constituição e não o contrário. LOPES JÚNIOR, Aury. *Direito Processual Penal*. Saraiva: São Paulo, 2013, p. 815. RANGEL, Paulo. *Direito Processual Penal*. São Paulo: Atlas, 2013, p. 820.

nativa. Poderá, ainda, o magistrado, conceder liberdade provisória, com ou sem fiança.

O que importa, aqui, é respeitar o art. 93, IX, da CF/88, devendo o juiz fundamentar devidamente a restrição da liberdade ou a aplicação de outra medida cautelar alternativa.

Desse modo, a prisão em flagrante só haverá de ser transformada em prisão preventiva, caso estejam presentes, de maneira peremptória e cabal, os requisitos da prisão, e que serão vistos adiante. Do contrário, o que se estará a fazer a legitimar uma prisão sem requisitos e fundamentos cautelares, isto é, estar-se-á a adotar nada mais nada menos que uma antecipação de pena, em decorrência da prisão em flagrante.

6. Prisão temporária

6.1. Conceito, objeto, requisito e fundamento

Em 21 de dezembro de 1989, nos estertores do governo de José Sarney, fulminado pela inflação galopante e pela insegurança social decorrente da instabilidade econômica, surgiu a Lei 7.960, que dispôs sobre a prisão temporária.[218]

A Lei 7.960 dispõe que caberá a prisão temporária, determinada pelo juiz, mediante representação da autoridade policial ou requerimento do Ministério Público, quando imprescindível para as investigações do inquérito policial (inciso I), quando o indiciado não tiver residência fixa ou não fornecer elementos necessários ao esclarecimento de sua identidade (inciso II), quando houver fundadas razões, de acordo com qualquer prova admitida na legislação penal, de autoria ou participação do indiciado nos crimes de homicídio doloso, sequestro ou cárcere privado, roubo, extorsão, extorsão mediante sequestro, e estupro, epidemia com resultado de morte, envenenamento de água potável ou substância alimentícia ou medicinal qualificado pela morte, quadrilha ou bando, todos do Código Penal, além do genocídio, do tráfico de drogas, dos crimes hediondos, tortura e terrorismo, e dos crimes contra o sistema financeiro (inciso III).

O objeto da prisão temporária é o mesmo de todas as prisões cautelares, ou seja, a garantia do normal desenvolvimento do processo (*no caso, o normal desenvolvimento do inquérito policial*), por ser imprescindível para a investigação preliminar e a fim de garantir, no futuro, a eficaz aplicação do *jus puniendi*.

---

[218] Alberto Silva Franco contexta a constitucionalidade da referida lei, alegando vício de origem. Diz o professor de São Paulo: "A Lei 7.960/89 originou-se de uma medida provisória baixada pelo Presidente da República e, embora tenha sido convertida em lei, pelo Congresso Nacional, representou uma invasão na área de competência reservada ao Poder Legislativo. Pouco importa a aprovação, pelo Congresso Nacional, da Medida Provisória". *Crimes Hediondos*. 3. ed. São Paulo: Revista dos Tribunais, 1994, p. 241 a 243.

A interpretação de que bastaria a presença de um dos incisos do art. 1º da Lei 7.960/89 não está correta. Em realidade, a prisão temporária só pode existir com a ocorrência dos incisos I e III, concomitantemente e pelas razões expostas adiante. O inciso II é contingente, não tendo qualquer relação com cautelaridade.

Em primeiro lugar, a fim de se respeitar o princípio da legalidade, deve-se entender como incabível a prisão temporária senão nos casos previstos em lei. A interpretação, neste tópico, deve ser restritiva ao extremo, a fim de preservar o princípio da legalidade e a liberdade do mais fraco, no caso o sujeito passivo da investigação criminal.[219]

O inciso III do art. 1º diz respeito à existência do *fumus comissi delicti*, ao referir acerca de fundadas razões, de acordo com qualquer prova admitida na legislação penal, de autoria ou participação. O jurista, assim, deve atentar para o *fumus comissi delicti*, para a efetiva e real probabilidade de existência do delito, para claríssimos elementos de constituição de prova que afastem, de forma segura, qualquer dúvida razoável sobre a inexistência do delito.[220]

Ou seja, no confronto entre os elementos positivos e negativos do delito, devem preponderar, para a concretização da medida cautelar, os primeiros. Segundo já foi afirmado, com Carnelutti,[221] podemos definir os elementos positivos do delito como a prova de que a conduta é aparentemente típica, ilícita e culpável. Elementos negativos seriam as causas de exclusão da ilicitude (legítima defesa, estado de necessidade, estrito cumprimento do dever legal, exercício regular de direito, consentimento do ofendido etc.) e de exclusão da culpabilidade (inimputabilidade, inexigibilidade de conduta diversa, potencial consciência da ilicitude etc.).

No caso da prisão temporária também deve ser reafirmada a máxima de Carnelutti, segundo a qual os indícios suficientes de culpabilidade não servem de suporte para a decretação das medidas cautelares. Indícios suficientes de culpabilidade, como anotado alhures, não deveriam nem servir para uma imputação, quanto mais para a detenção pessoal. Ainda segundo Carnelutti,[222] também não se deve exigir o juízo de certeza para a decretação das cautelares pessoais, pois este só seria atingido supostamente pela sentença. Assim, seria o juízo de probabilidade que nortearia a concessão das cautelares.

---

[219] Nesse caso, segue-se entendimento de GOMES FILHO, Antonio Magalhães. Op. cit.

[220] Também entende assim Ada Pellegrini Grinover em parecer elaborado para a Associação dos Advogados de São Paulo em 23.12.1992, *in Revista do Advogado*, São Paulo, AASP, 04/94, nº 42.

[221] CARNELUTTI, Francesco. *Lecciones ...*

[222] Ibidem.

O juízo de probabilidade tampouco poderia significar o equilíbrio entre elementos positivos e negativos do delito. Como se anotou antes, a cautelar pessoal deveria ser balizada pelo triunfo absoluto dos elementos positivos sobre os negativos.[223]

Em verdade, numa interpretação estribada nos direitos fundamentais e, principalmente, no princípio da presunção de inocência, pode-se afirmar que havendo qualquer elemento negativo do delito, estaria obstaculizada a medida cautelar pessoal.

Também deverá estar presente para a decretação da prisão temporária, a circunstância do inciso I do art. 1º (quando imprescindível para as investigações do inquérito policial), que deve ser entendida como a ameaça real e concreta ao conteúdo probatório dos autos de inquérito decorrente do perigo de manutenção da liberdade do indiciado, ou seja, do *periculum libertatis*.

Ou seja, o inciso III diz respeito ao *fumus comissi delicti*, e o inciso I, à ameaça concreta ao material probatório e ao *periculum libertatis*.

O inciso II, *de per se,* nada diz, pois a simples circunstância de o indiciado não possuir residência fixa ou não fornecer elementos necessários ao esclarecimento de sua identidade não tem qualquer conteúdo cautelar. Em verdade, o inciso II é contingente, sem relevância para a adoção ou não da medida cautelar pessoal.

Em síntese, a prisão temporária só poderá ocorrer com a presença dos incisos I e III do art. 1º da Lei 7.960, por apresentarem os requisitos da cautelaridade.

Ademais, a prisão temporária não poderá ocorrer senão durante o inquérito e antes da propositura da ação penal. Nesse caso, deverá o juiz averiguar a ocorrência das circunstâncias da cautelaridade ou determinar a soltura do sujeito passivo da prisão.

No que pertine ao prazo da prisão temporária, o mesmo deve ser de cinco dias, prorrogáveis por mais cinco dias em caso de extrema necessidade a ser comprovada no despacho que a dilatar (art. 2º), tudo em respeito ao princípio da motivação das decisões judiciais. Porém, deve-se atentar que o prazo não é obrigatório, podendo ser desconsiderado em caso de não ser mais útil a prisão.

Outrossim, o magistrado pode simplesmente requerer a apresentação coativa do imputado, optando pela adoção de medida menos

---

[223] Quando se fala aqui em triunfo absoluto dos elementos positivos sobre os negativos, quer-se referir sobre a preponderância dos mesmos. Ou seja, se houver a mínima dúvida sobre a situação cautelanda, ela não deve ser adotada.

gravosa e sem o mesmo grau estigmatizador, consentânea com as garantias fundamentais (§ 3º, art. 2º).

No caso dos crimes hediondos, em que se prevê a prisão temporária de até 30 dias, prorrogáveis por igual período, em caso de extrema necessidade, a mesma concepção, por coerência doutrinária, deve ser adotada. A prisão pode ser substituída pela simples apresentação coativa do imputado e, além disso, não necessita ter o prazo de 30 dias, prorrogáveis pelo mesmo período, que se mostram por demais elevados, ofensivos ao princípio da provisoriedade.

Enfim, pelo que se depreende, a prisão temporária, ao contrário do que dizem alguns, é absolutamente constitucional, pois jurisdicionalizada e com as peculiaridades das medidas cautelares pessoais, embora com características diferenciadoras : o limite temporal, o caráter pré-processual e a aplicação apenas para determinados delitos.[224]

Os limites estabelecidos na Lei 7.960/89 e na Lei 8.072/90 devem ser sustentados como uma garantia que impede a manutenção interminável da prisão.

Porém, em homenagem aos princípios da excepcionalidade e da provisionalidade, a prisão deve, quando possível, transmudar-se em apresentação coativa do imputado ou, tão somente, em detenção enquanto durarem as ameaças às provas ou à aplicação da lei penal, até, no máximo, o limite temporal da lei. Assim, busca-se a constitucionalização da prisão temporária, realizando-se uma efetiva filtragem hermenêutica com uma necessária imersão garantista.

---

[224] No anteprojeto de Reforma do Código de Processo Penal, mantém-se a prisão temporária, que fica intocada, nos termos da Lei nº 7.960/89.

7. Prisão preventiva

A prisão preventiva é a prisão cautelar por excelência, que está prevista no art. 312 do Código de Processo Penal.
O referido artigo dispõe que:

A prisão preventiva é a medida cautelar que pode ser decretada para a garantia da ordem pública, da ordem econômica, por conveniência da instrução criminal, ou para assegurar a aplicação da lei penal, quando houver prova da existência do crime e indício suficiente de autoria.
Parágrafo único. A prisão preventiva também poderá ser decretada em caso de descumprimento de qualquer das obrigações impostas por força de outras medidas cautelares (art. 282, § 4º).

O objeto da prisão preventiva é a garantia do normal desenvolvimento do processo, a fim de garantir a eficaz aplicação do poder de penar, bem como para proteger a intangibilidade da ordem pública e da ordem econômica.

A Constituição Federal admite, como exceção, a privação de liberdade sem o efetivo trânsito em julgado de decisão judicial condenatória. Porém a prisão só deve ser levada a cabo, se presentes os seus requisitos, quais sejam, os requisitos das cautelares em geral, que se explicitam do modo mais vivaz na hipótese da prisão preventiva.

O Código de Processo Penal regula as hipóteses de cabimento da prisão preventiva, nos arts. 311 a 316.

Como dispõe o art. 311, caberá a prisão preventiva em qualquer fase do inquérito policial ou da instrução criminal.

De outra parte, também não caberá prisão preventiva após a instrução processual, senão para garantir a aplicação da lei penal. Além disso, a prisão preventiva deverá ser requerida pelo agente do Ministério Público ou do querelante ou mediante representação da autoridade policial. A previsão inquisitorial de prisão de ofício pelo próprio juiz, embora prevista em lei, deve ser repelida, pois ofensiva ao princípio acusatório.[225]

O art. 312 dispõe acerca das hipóteses de cabimento da prisão preventiva, bem como sobre a necessidade do requisito (*fumus comissi delicti*) e do fundamento (*periculum libertatis*) da medida extrema de restrição da liberdade. Além do *fumus comissi delicti* e *periculum libertatis*, já analisados, o art. 312 prevê a possibilidade de decreto da prisão provisória como garantia da ordem pública e da ordem econômica.

Na atualidade, a jurisprudência vem aceitando a prisão para ordem pública, pela reiteração delitiva, em geral conjugada com a gravidade do delito. Os Tribunais Superiores, porém, vem repelindo a prisão pela gravidade abstrata do crime, quando este é o único argumento lançado na decisão.

A prisão preventiva poderá ocorrer no caso dos crimes dolosos punidos com pena privativa de liberdade máxima superior a 4 anos (art. 313, inciso I, do CPP), se tiver sido condenado por outro crime doloso, em sentença transitada em julgado, ressalvado o disposto no inciso I do *caput* do art. 64 do CP (art. 313, II, do CPP), se o crime envolver violência doméstica e familiar contra a mulher, criança, adolescente, idoso, enfermo ou pessoa com deficiência, para garantir a execução

---

[225] Em artigo intitulado "*A Iniciativa Instrutória do Juiz No Processo Penal Acusatório*", Ada Pellegrini entende que um sistema penal acusatório poderia adotar um modelo "adversarial" (modelo do Direito anglo-saxão que se caracteriza pela predominância das partes na determinação da marcha do processo e na produção das provas) ou "inquisitorial" (modelo do sistema continental no qual a determinação da marcha do processo e a produção das provas recaem de preferência sobre o juiz), sustentando que mesmo nos países anglo-saxões o modelo adversarial estaria cedendo terreno ao modelo do desenvolvimento oficial, em razão de concepções publicistas de processo e de suas funções sociais. Em razão disso, não se caracterizaria como arbitrária e parcial a iniciativa probatória do juiz no processo penal, visto que seriam respeitados os princípios do contraditório e da motivação, além do que seriam lícitas as provas que se pretenderiam provar. GRINOVER, Ada Pellegrini. *A Iniciativa Instrutória do Juiz no Processo Penal Acusatório*. R. Cons. Nac. Pol. Crim. e Penit., Brasília, 1(12): 15-25, Jul/98 dez/99, p. 22 e 23. É respeitável o posicionamento de Ada Pellegrini Grinover, até porque seria possível alegar a aceitação de uma quebra positiva do princípio da igualdade para beneficiar o réu, em razão da evidente disparidade entre as partes e por ser ele a parte mais fraca no transcurso do processo. Refluindo num pensamento que vínhamos tendo, quer-nos parecer aqui que o magistrado não deveria intervir de ofício, exceto no caso de uma absolvição ou causa extintiva da punibilidade, pela relação indissociável que se daí aí, na afirmação da justiça como finalidade do processo penal. Porém, só neste caso. O que não se pode aceitar é uma violação clara e inequívoca do princípio acusatório, caracterizada pela decretação de ofício da prisão preventiva. Ou seja, como salienta Geraldo Prado, é estranho ao sistema acusatório, porque incompatível com o princípio acusatório, o poder do juiz de decretar, de ofício, a prisão preventiva, conforme o art. 311 do Código de Processo Penal. PRADO, Geraldo. Op. cit., p.158. Além disso, como refere Lopes Júnior, o juiz instrutor viola a imparcialidade objetiva, aquela que deriva não da relação do juiz com as partes, mas sim de sua relação com o objeto do processo, criando uma situação de desconfiança e incerteza na comunidade e nas instituições, conforme decidiram o TEDH (caso Piersack, de 1/10/82 e Caso Cubber, de 26/10/84) e o Tribunal Constitucional Espanhol (STC 145/88). LOPES JÙNIOR, Aury. *Sistemas* ..., p. 69.

das medidas protetivas de urgência (art. 313, III, do CPP), e também quando houver dúvida sobre a identidade civil da pessoa ou quando esta não fornecer elementos suficientes para esclarecê-la, devendo o preso ser colocado imediatamente em liberdade após a identificação, salvo se outra hipótese recomendar a manutenção da medida (art. 313, parágrafo único). A prisão preventiva ainda poderá ser utilizada no caso de descumprimento das medidas cautelares alternativas, conforme dispõe o art. 282, § 4º, do CPP. Ou seja, nos casos do art. 313, III, a prisão poderá ocorrer a fim de garantir a dita eficácia das medidas protetivas, o que não é irrelevante. Aí haverá o risco de prisão preventiva para casos de ameaça ou lesão leve, para os quais, em regra não seria possível prisão preventiva, o que poderá gerar graves injustiças. Nos demais casos, entende-se que sempre deverão estar presente os requisitos e fundamentos das cautelares. Mesmo no caso do inciso II, do art. 313, só há motivação para a prisão diante da presença do *periculum libertatis*. Estará ele comprovado pela condenação por outro crime doloso, sempre e em todos os casos. É evidente que não, pois do contrário estaríamos diante de um caso de prisão obrigatória. E não se diga que a reincidência, por si só, denota a necessidade da prisão. Por vezes ela se pode dar por fatos absolutamente desvinculados, de modo que careceria de necessidade a referida prisão. Por fim, nos casos de não identificação, a lei, prudentemente, fez a ressalva de que o sujeito deverá ser colocado em liberdade após a dita identificação, o que preserva a garantia da aplicação da lei, de maneira subsidiária. Também não vemos empecilho maior no caso do art. 282, § 4º, pois aí se deu a adoção de uma medida cautelar alternativa e seu descumprimento. Ou seja, para se decretar a medida original estavam presentes os requisitos e fundamentos das cautelares. Assim, para a prisão preventiva, tais requisitos e fundamentos deverão estar presentes, sem contar que o magistrado poderá ponderar acerca de outra medida cautelar alternativa, caso isso seja mais adequado. É bem verdade, de outro lado, que tais medidas cautelares alternativas podem ser utilizadas em crimes que recebem penas privativas de liberdade, um rol mais amplo do que aqueles que permitem as prisões preventivas. Não haveria sentido não permitir a prisão preventiva em tais casos, em razão do descumprimento injustificado das medidas cautelares alternativas fundamentadas, razoáveis e proporcionais. Mas há também aí o perigo inequívoco da expansão do controle penal, isto é, a adoção de medidas cautelares em casos que isso não seja necessário, com consequentes prisões preventivas, tudo a agigantar o controle penal.

Ademais, em respeito ao princípio da motivação, a decisão deverá ser fundamentada de forma real e racional, estribada na lei e, de preferência, deverá a prisão preventiva ser revisada periodicamente, como em Portugal e na Alemanha, de forma obrigatória, em respeito ao princípio da provisionalidade.

7.1. Prisão preventiva e eficiência

O cerceamento da liberdade do acusado antes do trânsito em julgado da condenação criminal sempre é uma medida gravosa. Uma medida que, ao longo da história, foi objeto de acirrada crítica por inúmeros pensadores.[226] Porém, em que pese a gravidade e o radicalismo desse procedimento, tais medidas são inevitáveis e necessárias, em algumas situações.[227]

Um ordenamento jurídico-penal eficiente e justo exige, por conseguinte, no atual quadrante histórico, a previsão das prisões cautelares. Porém, como estamos a sustentar, desde o princípio, essa medida eficiente e que, ao fim e ao cabo, objetiva preservar a verdade e a justiça por intermédio de um processo justo, ético e correto, há de estar estruturada sob o manto protetor de garantias claras e solenes, de forma que tais medidas sejam concebidas apenas em situações absolutamente necessárias, excepcionais e subsidiárias, o que ficou ainda mais marcado com a alteração recentemente produzida no Código de Processo Penal brasileiro.

Portanto, a partir da noção de eficiência que pugnamos por erigir, há de se aceitar as prisões cautelares, apenas e tão somente naqueles casos de conexão evidente entre a medida e a necessidade do processo penal. Ou seja, a prisão, antes do trânsito em julgado, há de ser meramente instrumental, não se podendo transformar em execução provisória da pena ou em antecipação da pena.[228]

---

[226] Sobre tais críticas, especialmente de Voltaire, Beccaria, Benthan, Filangieri, Carrara e Diderot, ver FERRAJOLI, Luigi. *Direito e razão*: teoria do garantismo penal. São Paulo: RT, 2006, p. 507-511.

[227] Por isso, num aspecto relevante, não podemos concordar com Ferrajoli, quando fala da ilegitimidade do encarceramento preventivo e fala de um processo sem prisão preventiva, ao menos no atual momento histórico. Ibid., p. 511-517. A crítica de Ferrajoli, entretanto, nos faz aprofundar a discussão do problema. Basta observar que, em fins de 2009, existiam cerca de 175.000 presos no regime fechado, no Brasil. E, de forma desproporcional, cerca de 151.000 presos provisórios. Tudo isso, segundo dados do Departamento Penitenciário Nacional, retirados de <www.mj.gov.br>. Ou seja, há uma relação que é quase de um preso provisório para cada preso no regime fechado, o que demonstra uma certa letargia da Justiça, mas, também, a profusão de medidas cautelares pessoais.

[228] Embora a Lei 12.403/11 não tenha trazido tais hipóteses, tais sugestões estão a ser vivamente defendidas no Congresso Nacional. O próprio projeto de reforma do Código de Processo Penal brasileiro, que vem sendo retalhado em alterações pontuais, dá um passo decisivo na adoção de penas antecipadas, por consenso, com processos abreviados e dispensa de prova.

Daí o motivo pelo qual sempre se deve confrontar, à luz do panorama atual, ainda mais quando se estrutura uma ideia de eficiência que atenta para garantias e para a ideia de justiça, o princípio da presunção de inocência (art. 5º, LVII, da CF/88) com a prisão preventiva prevista no art. 312 do Código de Processo Penal.[229]

Isso em razão de que sempre o cerceamento da liberdade, antes do trânsito em julgado, estará a exigir um requisito (*fumus comissi delicti*) e um fundamento (*periculum libertatis*).[230] O primeiro a ponderar indícios claros de autoria ou participação em um fato criminoso. A probabilidade de existência de um delito. O segundo, a motivação jurisdicional acerca da necessidade, da proporcionalidade, da subsidiariedade, da imprescindibilidade, da eficiência do cerceamento da liberdade. E aí, no caso do *periculum libertatis*, podemos referir aquelas situações de ameaça à instrução processual, por intermédio da corrupção e coação às testemunhas, da destruição de provas, da "fabricação" de provas ou ainda naquelas situações em que haveria uma ameaça para a aplicação da lei penal, nos casos de indícios concretos de fuga do acusado. Apenas nessas situações é que se poderia permitir, antes do trânsito em julgado, o cerceamento da liberdade de um cidadão. E, diga-se de forma clara, apenas enquanto tais motivos persistissem. Isto é, uma vez coletada a prova ameaçada, uma vez comparecendo o réu em juízo, uma vez preservada a limpidez da instrução processual, o cerceamento da liberdade deveria desaparecer, em nome da provisionalidade da medida restritiva de

---

Esse fato, sem dúvida, dará um poder de barganha ainda maior aos órgãos de acusação, para quem parece ser construída boa parte da reforma processual penal, especialmente em casos assim, alheios ao princípio acusatório. Trata-se, sem dúvida, de buscar um aumento da chamada justiça consensual no processo penal, conforme refere FERNANDES, Antonio Scarance. "Os procedimentos no Código Projetado". *Boletim do IBCCRIM*, São Paulo, ano 18, p. 6, ago. 2010. Edição Especial.

[229] A Lei 12.403, de 04 de maio de 2011, que alterou o Código de Processo Penal, manteve os mesmos elementos da prisão preventiva, dispondo que ela poderá ser decretada para a garantia da ordem pública, da ordem econômica, da conveniência da instrução criminal ou para assegurar a aplicação da lei penal, quando houver prova da existência do crime e indício suficiente de autoria. Assevera, ainda, no art. 314, do CPP, que em nenhum caso será decretada a prisão preventiva se o sujeito agir sob o abrigo de excludentes de ilicitude, previstas no art. 23 do CP. O art. 5º, LVII, da Constituição Federal, por sua vez, dispõe que "ninguém será considerado culpado até o trânsito em julgado de sentença penal condenatória". A jurisprudência do STF oscila, ora falando em presunção de inocência (HC 81.685; HC 80830; HC 81946), em não culpabilidade (HC 80.719; HC 80.096-3), mas aduzindo sempre a impossibilidade de execução provisória da pena ou sua antecipação. Assim, só se admite a prisão processual, antes do trânsito em julgado, no caso de ocorrência de motivação cautelar.

[230] De forma bem aprofundada, WEDY, Miguel Tedesco. *Teoria geral da prisão cautelar e estigmatização*. Rio de Janeiro: Lúmen Juris, 2006, p. 78 e ss. E também LOPES JÚNIOR, Aury. "O fundamento da existência do processo penal: a instrumentalidade garantista". *Revista da Ajuris*, n. 76, p. 223 e ss e PALAO, Julio Banacloche. *La libertad prisional y sus limitaciones*. Madrid: McGraw-Hill, 1996, p. 378 e ss.

liberdade. Nessas situações – garantia da instrução processual e garantia da aplicação da lei penal – não se pode negar, há de se aceitar o cerceamento da liberdade, pois os fins são evidentemente instrumentais.

O mesmo não se pode afirmar naquelas hipóteses de prisão em razão da gravidade abstrata do delito, da ordem pública, do clamor público, da integridade das instituições, da ordem econômica, do risco de cometimento de novos delitos, tudo são argumentos que não referem, de forma expressa, uma relação com o processo penal. Aliás, são argumentos que violam o princípio fundamental da presunção de inocência (art. 5º, LVII, da CF/88) e instituem uma presunção de periculosidade, como naquelas situações em que um acusado é preso "para evitar que pratique novos delitos". Ou seja, presume-se que um delito ele já cometeu, embora não tenha havido ainda toda a instrução processual, bem como se institui uma presunção invertida de que ele praticará novos delitos. Tudo muito eficiente do ponto de vista do alcançamento da justiça, mas pouco legítimo à luz da Constituição e das garantias que lá estão.

Da mesma forma ocorre nos casos de ordem pública ou ordem econômica. A lei brasileira não define, de forma objetiva e concreta, quando se dará a ameaça contra a ordem pública ou contra a ordem econômica. No primeiro caso, não é incomum que no bojo da expressão "ordem pública" sejam acolhidas prisões para proteger a "credibilidade do Poder Judiciário",[231] "o clamor público ou social",[232] "o clamor da mídia",[233] "a gravidade do delito",[234] "os antecedentes do criminoso", "o risco de reiteração delitiva",[235] "a repercussão em pequena cidade". Parece, de forma clara, que em falta de um requisito

---

[231] O STF passou a repelir as prisões com essa fundamentação: HC 80.719-4, Rel. Min. Celso de Mello. Também o Superior Tribunal de Justiça (STJ) vem repelindo tais decisões: HC 121548, de 19.04.2010.

[232] Sobre a inconstitucionalidade desse fundamento da prisão: SANGUINÉ, Odone. "A inconstitucionalidade do clamor público como fundamento da prisão". In: SHECAIRA, Sérgio S. (org.). *Estudos criminais em homenagem a Evandro Lins e Silva*. São Paulo: Método, 2001, p. 257-295.

[233] Fundamento que, ainda que ilegal, também vem sendo utilizado em Portugal, conforme refere Germano Marques da Silva: "É ilegal e abusiva, por exemplo, a aplicação ou manutenção da prisão preventiva com o fundamento de que o processo tem merecido grande destaque na comunicação social". SILVA, Germano Marques da. "Sobre a liberdade no processo penal ou do culto da liberdade como componente essencial da prática democrática". In: *LIBER Discipulorum para Jorge de Figueiredo Dias*. Coimbra: Coimbra Editora, 2003, p. 1367.

[234] Já há também jurisprudência sedimentada do Supremo Tribunal Federal (STF) sobre a impossibilidade do decreto de prisão preventiva pela simples alegação da gravidade abstrata do delito (HC 98966, Rel. Min. Eros Grau). Entretanto, em graus inferiores de jurisdição, esse entendimento não goza do mesmo prestígio.

[235] O Supremo Tribunal Federal (STF) vem admitindo a prisão preventiva para a garantia da ordem pública nos casos de especial gravidade do delito, desde que correlata com a hipótese de

preciso de natureza cautelar, a liberdade seja cerceada a partir de um conceito extremamente aberto e impreciso, como os de ordem pública ou ordem econômica.

Por isso a necessidade de olhar para o art. 312 do CPP com o devido resguardo, a partir de nossas convicções sobre o significado da eficiência.[236]

E, por conseguinte, se as decisões que acabam por cercear a liberdade antes do trânsito em julgado não expressam uma relação com a necessidade do processo, do seu bom andamento, da sua higidez e integridade, não possuem natureza cautelar, já que não se vinculam ao procedimento criminal, mas a uma antecipação da pena ou execução provisória de uma quimérica condenação criminal ainda não ocorrida.

Também, naqueles casos em que se vislumbra a ocorrência de prisão em razão de eventuais recursos criminais não possuírem efeito suspensivo, isto é, não obstaculizarem, momentaneamente, a aplicação da lei penal. Afirmar que uma prisão se deve impor em razão de ainda haver recursos e de tais recursos não possuírem efeito suspensivo nos parece uma forma sutil de fazer um menoscabo ao princípio de presunção de inocência, intimamente ligado à prisão cautelar. Se há recurso a ser julgado, ainda que tal recurso verse apenas sobre matéria de direito, há de se preservar a presunção de inocência, evitando a prisão, exceto no caso de efetiva situação cautelanda, como nos casos de prisão para a proteção da instrução processual ou para garantir que seja aplicada, ao final do processo, a lei penal.

---

reiteração delitiva (HC 100.216, de 20.04.2010, rel. Min. Cármen Lúcia; HC 93.570, de 02.03.2010, rel. Min. Cezar Peluso).

[236] Como referido antes, a Lei 12.403/11 nada mudou nesse tópico. Portanto, em que pese tenha sido eficiente para propor novas alternativas cautelares, não avançou sobre o cerne do problema, ao permitir a sequência do jogo semântico com as expressões "ordem pública" e "ordem econômica", que continuarão a "fundamentar" um sem número de prisões, sem uma efetiva e real motivação cautelar. Ademais, ainda permite que tais prisões sejam decretadas de ofício, em desprezo ao princípio acusatório. Mais uma vez, o legislador pretende lançar mão de argumentos não apropriados, causadores de grande insegurança jurídica, bem como sem qualquer conotação com a necessidade do processo. Trata-se, pois, de manter, dentro de certos padrões, espécies de prisões antecipadas ou de antecipações de pena, decorrentes da gravidade do delito ou da dita reiteração delitiva, o que se assemelha muito com um puro direito penal do autor ou até, por que não, com um direito penal do inimigo. Em Portugal, não são muito diferentes os requisitos, como salienta Germano Marques da Silva: a) fuga ou perigo de fuga; b) perigo de perturbação do decurso do inquérito ou da instrução do processo e, nomeadamente, perigo para a aquisição, conservação ou veracidade da prova, ou c) perigo, em razão da natureza e das circunstâncias do crime ou da personalidade do arguido, de perturbação da ordem e da tranquilidade públicas ou de continuação da actividade criminosa. E o fim ou função das medidas é o de assegurar o desenvolvimento do processo até ao seu termo. SILVA, Germano Marques da. "Sobre a liberdade no processo penal ou do culto da liberdade como componente essencial da prática democrática". In: *LIBER Discipulorum para Jorge de Figueiredo Dias*. Coimbra: Coimbra Editora, 2003, p. 1366.

Como afirmou Américo Taipa de Carvalho, no caso de Portugal, mas o que se pode aplicar, agora sim, ao caso brasileiro, "É de recusar – na sequência-imposição constitucional (CRP, art. 32º, 2.-2ª) – uma concepção gradualista da presunção de inocência, segundo a qual esta presunção se ia relativizando, esbatendo, à medida que o processo avançasse (dedução da acusação, decisão instrutória etc.), de modo que, como alguns pensariam, com a condenação em primeira instância, se não ocorreria a inversão da presunção de inocência em presunção de culpa, desapareceria, contudo, a presunção de inocência". Como é evidente, este "estado neutro" não existe. A presunção de inocência vale e impõe-se, sem quaisquer graduações, até o trânsito em julgado.[237]

Trata-se, pois, de permitir a prisão com absoluta atenção à presunção de inocência. Desse modo, qualquer prisão, antes do trânsito em julgado, que não guarde relação expressa com a instrumentalidade processual, não deve ser aceita.

Como referiu Américo Taipa de Carvalho, citando Guido Salvini:

> (...) "a tutela de um bem tão delicado como a liberdade pessoal não pode ser sacrificada por circunstâncias que não se ligam com a disponibilidade do tempo adequado, mas que só encontram justificação na crise da *eficácia da administração da justiça*, crise da eficiência *que não pode transformar-se em prejuízo do arguido*". Há, por outro lado, que resistir à tentação de ver a prisão preventiva, na prática, como um meio de intimidação (prevenção geral negativa) – o que acontece sempre que ela é *ope legis*, isto é, imposta por lei –, como uma expiação antecipada da pena – que é razoável presumir acontecer, quando as diligências de investigação e os actos processuais são dinamizados em função do prazo limite da prisão preventiva – ou como um meio de coacção em ordem à obtenção de uma confissão. Em qualquer dessas situações, há uma perversão da função processual e do carácter excepcional e subsidiário da prisão preventiva. Esta perversão ou desvirtuamento atenta contra a dignidade da pessoa humana – na medida em que instrumentaliza o arguido – e contra o expresso princípio constitucional da presunção de inocência. Nessa linha de crítica e de alerta contra a utilização abusiva da prisão preventiva para fins que lhe são absolutamente estranhos, diz Mario Chiavario: "Será um grande equívoco pensar que a Constituição configurou

---

[237] CARVALHO, Américo Taipa de. *Sucessão de leis penais*. 2. ed. rev. Coimbra: Coimbra Editora, 1997, p. 311. No Brasil, em fevereiro de 2009, o Supremo Tribunal Federal pacificou a questão, reconhecendo como inconstitucional a decisão que decreta a prisão preventiva sem caráter cautelar, isto é, sem atentar para os fundamentos do art. 312 do Código de Processo Penal. Como relatou o Min. Eros Grau, no HC 84.078/MG, de 05.02.2009: "ofende o princípio da não-culpabilidade a execução da pena privativa de liberdade antes do trânsito em julgado da sentença condenatória, ressalvada a hipótese de prisão cautelar do réu, desde que presentes os requisitos autorizadores previstos no art. 312 do CPP". Ver em <www.stf.jus.br>, acesso 11.12.2010. Em que pese o entendimento do STF, a matéria ainda não se tornou súmula vinculante, de forma que, na prática das instâncias inferiores, ainda se acabe por decretar a restrição da liberdade em razão de haver recursos sem efeito suspensivo.

uma espécie de 'normalidade' da prisão preventiva, desde que decidida pelo juiz... É de temer, e não sem fundamento, que, na prática, os vários fins, a que se orientam as medidas restritivas de liberdade, não sejam invocadas senão para encobrir a mais inaceitável das possíveis instrumentalizações da prisão preventiva: a de a transformar numa antecipação de pena".[238]

Da mesma forma deve-se repelir, como não cautelar, a prisão em razão de determinação infraconstitucional, como naqueles casos em que a lei, *ab initio*, dispõe não ser possível a liberdade do cidadão.[239]

Na lição de Américo Taipa de Carvalho, a presunção de inocência do arguido até o trânsito em julgado da sentença condenatória é um direito e uma garantia fundamental,[240] de forma que a prisão preventiva *ope legis* é, seguramente, inconstitucional, pois seria uma distorção da função cautelar processual, uma violação do seu carácter rigorosamente excepcional e subsidiário, sendo inconstitucional a vários títulos.[241]

O mesmo, repetimos, não se daria nos casos da garantia da instrução criminal ou da garantia da aplicação da lei penal. No instante em que uma decisão judicial comprova, de forma escorreita, que está a proteger o bom andamento do processo, a honestidade das provas, a lisura dos procedimentos, a possibilidade de o processo chegar ao fim com um juízo condenatório ou absolutório, essa decisão estará, de certo modo, relacionando, ainda que, muitas vezes, não o faça de forma expressa, as ideias de eficiência, justiça e garantias.

De eficiência, por preservar o bom andamento do feito, a correção das provas, a garantia da aplicação da lei; de justiça, por fazer

---

[238] CARVALHO, Américo Taipa de. *Sucessão de leis penais*. 2. ed. rev. Coimbra: Coimbra Editora, 1997, p. 314-315.

[239] No Brasil, por exemplo, a Lei 11.343/06, no seu art. 44, dispõe que os delitos de tráfico de drogas são insuscetíveis de liberdade provisória. Por via de consequencia, os réus, sem exceção, teriam que aguardar o julgamento recolhidos à prisão. E tal previsão causou viva controvérsia na jurisprudência do Supremo Tribunal Federal, já que havia acordãos que aceitavam essa espécie de "prisão obrigatória", em razão da gravidade do delito e da impossibilidade de liberdade provisória sem fiança, nessas situações. Como também havia acórdãos que a refutavam, sob a alegação de violação da presunção de inocência, bem como de que a mera gravidade abstrata do delito não podia fundamentar a violação da liberdade antes do julgamento. Pelo impedimento da liberdade provisória (HC 92.723, rel. Min. Ricardo Lewandowski, j. 11.10.2007, e HC 92.243, rel. Min. Marco Aurélio, j. 20.08.2007). Pela inconstitucionalidade dessa espécie de prisão: (HC 96.041, rel. Min. Cezar Peluso, j. 02.02.2010, e HC 93.056, rel. Min. Celso de Mello, j. 15.05.2009). A posição que considera inconstitucional a vedação da liberdade provisória prevista na Lei 11.343/06 acabou por prevalecer, sendo acolhida pelo Plenário do STF no HC 104.339/SP.

[240] CARVALHO, op. cit., p. 309.

[241] CARVALHO, Américo Taipa de. *Sucessão de leis penais*. 2. ed. rev. Coimbra: Coimbra Editora, 1997, p. 316-317. Aliás, uma medida que ofenderia, em nossa visão, a Constituição da República Portuguesa, especialmente os seus artigos 1º (dignidade da pessoa) e 32, nº 2 – 1ª (presunção de inocência).

tudo isso com o fim de chegar a uma decisão independente e correta, por intermédio de um processo lícito e limpo; e de garantias, por demonstrar o caráter excepcional, necessário e proporcional da medida, de forma a não violar a presunção de inocência, a fundamentação e, inclusive, a ampla defesa.

Portanto, a decisão que decreta uma prisão cautelar deve atentar sempre para o *fumus comissi delicti* (probabilidade de existência do delito), bem como ao *periculum libertatis*, o perigo da liberdade desse sujeito passivo, que poderá ameaçar a instrução criminal, o bom andamento do processo ou a garantia da aplicação da lei penal.

Assim, estaremos diante de uma prisão escorreita, necessária, proporcional, bem-fundamentada, excepcional e, acima de tudo, eficiente, pois permitirá que o processo prossiga de forma honesta e lícita, a fim de que realmente, ao fim e ao cabo, se faça justiça.

Contudo, é preciso recordar que talvez a maior repercussão do anseio pela eficiência no processo penal seja a pressão por um crescente encarceramento, a fim de diminuir a "sensação de impunidade da população".

Uma realidade muito clara em Portugal e no Brasil. Em Portugal, as medidas de coação exigem o respeito dos princípios referidos no Código de Processo Penal de 1987, alterado pela reforma de 2007, como a necessidade, adequação, proporcionalidade, subsidiariedade e precariedade. Porém, como refere Tereza Pizarro Beleza, a subsidiariedade foi letra morta, quando vista à luz da excepcionalidade da medida,[242] referindo diagnóstico de Boaventura Sousa Santos, de que "o excesso de prisão preventiva entre nós resulta da morosidade da justiça e do tipo de criminalidade".[243]

Há uma confusão consciente no sentido de que a imediatidade da prisão coíbe a impunidade. Como se um cidadão não tivesse direito ao devido processo legal, ao contraditório, à ampla defesa, ao julgamento em prazo razoável. Essa perversão processual em prol da eficiência funcional faz tábua rasa da presunção de inocência.

---

[242] BELEZA, Teresa Pizarro. "Prisão preventiva e direitos do arguido". In: MONTE, Mário Ferreira *et al.* (org.). *Que futuro para o direito processual penal?* Coimbra: Coimbra Editora, 2009, p. 674.

[243] Ibid., p. 675. Relevante é que, ao contrário do Brasil, o número de presos em Portugal vem caindo, inclusive nos casos dos presos preventivos. Segundo Teresa Beleza, em 1999, os presos preventivos representavam mais de 30% da população prisional e, em final de 2006, eram 23,1%. Já, no Brasil, conforme já referimos, o número de presos aumentou 390% nos últimos 15 anos. Também sobre dados penitenciários: TEIXEIRA, Alessandra. O cerceamento de informações sobre o sistema prisional de São Paulo. *Boletim do IBCCRIM*, São Paulo, ano 15, n. 176, p. 8, jul. 2007.

E, assim, muitas e muitas dessas prisões antes do trânsito em julgado possuem um notório caráter de julgamento antecipado e de aplicação provisória da pena. Não se perquire, via de regra, a relação da medida restritiva de liberdade com o processo. Não se indaga se a prisão possui relação com o processo, mas, sim, se ela está a satisfazer a genérica e desproporcional "ordem pública" ou "ordem econômica".

Essa é uma clara opção que afeta nitidamente aquela "eficiência instrumental". A prisão não pode ser uma forma de abreviar o processo e de solapar garantias. Deve, sim, existir e ser decretada com o fim de proteger a lisura do processo penal, o seu bom andamento, a exatidão e a integridade dos seus atos.

Por isso, num processo eficiente que acolhe as garantias da fundamentação, da presunção de inocência, da necessidade, a prisão só deveria ocorrer para proteger a boa instrução processual ou ainda para garantir que o processo poderá chegar a bom termo, sem redundar na mais absoluta impunidade.

Ou seja, o cerceamento da liberdade apenas poderia ocorrer naqueles crimes mais graves, naqueles casos em que a ação do acusado esteja, de fato, a turbar o bom andamento do feito com ações como a coação a testemunhas, a destruição ou adulteração de provas, a corrupção dos agentes do Estado. E também naquelas situações em que o acusado esteja a planejar, com elementos concretos, a sua fuga, com o fito de impedir a aplicação da lei penal e alcançar a impunidade.

Não estamos, pois, a repelir a prisão cautelar, mas a defender que ela efetivamente fique restrita àquelas situações excepcionais e necessárias, nas quais se objetiva proteger o bom andamento do processo e a efetiva aplicação da lei penal.

Nessas situações, não apenas se estão protegendo garantias do quilate da presunção de inocência, da fundamentação, do devido processo. Mas, também, importante é reconhecer que assim se está buscando estruturar e proteger um processo justo e ético, capaz de alcançar a Justiça sem solapar direitos individuais. Tudo isso de forma eficiente, preservando garantias e protegendo o bom andamento do feito.

É bem verdade que a pressão dos meios de comunicação em algumas situações é irrefreável e poderosa. Entretanto, não cabe ao operador do direito permitir que outros cumpram o seu papel. Concretizar a prática de transformar prisões cautelares em prisões-pena é o que não se pode fazer numa visão de eficiência que entendemos correta e que coloca, em primeiro plano, a pessoa humana e seus direitos.

Por mais duro que possa parecer, por mais insensível que possa transparecer, mormente para a vítima, o fato é que a ausência dos requisitos acima não pode permitir uma prisão cautelar, sob pena de se fazer pouco de uma garantia fundamental.

É bem verdade que, em algumas situações, poderemos ter réus confessos, que não interferem no andamento do feito para turbar, de forma desonesta, a relação processual e que tampouco apresentam indícios ou provas de tentativa de fuga. Em tais casos, como reduzir a sensação de impunidade decorrente da liberdade? Imaginemos o exemplo do réu confesso. O que fazer? É preciso que aqui se faça uma opção clara e relevante. Não se trata mais de preservar a presunção de inocência ou de não culpabilidade, tendo em vista que o réu é confesso. Trata-se, sim, de verificar se, em caso de condenação, haveria a aplicação de uma pena privativa de liberdade ou se o acusado seria beneficiado por institutos que suspendessem a pena ou a substituíssem por outras penas não privativas de liberdade. A partir daí, verificada a possibilidade efetiva de uma aplicação de pena privativa de liberdade, tratar-se-ia, caso não fosse necessária a prisão, de simplesmente reconhecer que só uma sentença definitiva pode imputar a efetiva culpabilidade do réu, não uma decisão contingente, cautelar e interlocutória. O que se há de fazer é tratar de conduzir o feito criminal com presteza e eficiência, dando ao réu e a sociedade o julgamento em prazo razoável.

De outra parte, impõe-se que se estabeleça um limite temporal para as prisões cautelares, com o propósito de se evitar que elas se arrastem por anos e anos. A ausência desse limite temporal pode perpetuar a violação da presunção de inocência, tornando essa garantia fundamental meramente pictórica e ineficiente.[244]

---

[244] Como salienta Ferrajoli, "esse princípio fundamental da civilidade representa o fruto de uma opção garantista em favor da tutela da imunidade dos inocentes, ainda que ao custo da impunidade de algum culpado. 'Basta ao corpo social que os culpados sejam geralmente punidos, escreveu LAUZÉ DI PERET', pois é seu maior interesse que todos os inocentes sem exceção sejam protegidos. É sobre essa opção que MONTESQUIEU fundou o nexo entre liberdade e segurança dos cidadãos: 'a liberdade política consiste na segurança, ou ao menos na convicção que se tem da própria segurança', e 'essa segurança nunca é posta em perigo maior do que nas acusações públicas e privadas'; de modo que, 'quando a inocência dos cidadãos não é garantida, tampouco o é a liberdade'". Disso decorre se é verdade que os direitos dos cidadãos são ameaçados não só pelos delitos mas também pelas penas arbitrárias – que a presunção de inocência não é apenas uma garantia de liberdade e de verdade, mas também uma garantia de segurança ou, se quisermos, de defesa social: da específica 'segurança' fornecida pelo Estado de direito e expressa pela confiança dos cidadãos na justiça, e daquela específica 'defesa' destes contra o arbítrio punitivo. Por isso, o sinal inconfundível da perda de legitimidade política da jurisdição, como também de sua involução irracional e autoritária, é o temor que a justiça incute nos cidadãos. Toda vez que um imputado inocente tem razão de temer um juiz, quer dizer que isto está fora da lógica do Estado de Direito: o medo e mesmo só a desconfiança ou a não segurança do inocente assinalam a falência da função mesma da jurisdição penal e a ruptura dos valores políticos que a legitimam".

Assim, preservam-se princípios fundamentais como a presunção de inocência (art. 5°, LVII, da CF/88) e a dignidade da pessoa humana (art. 1°, III, da CF/88), sem afetar a eficiência e a justiça. Pelo contrário, aqui se interligam eficiência, justiça e garantias, conduzindo o processo para adiante, sem a afetação ou desequilíbrio daquela hélice tríplice antes referida.

Faz-se necessária uma visão crítica sobre os fundamentos para a adoção das prisões cautelares, como ordem pública, ordem econômica, periculosidade do sujeito passivo, alarma social, perigo de reiteração delitiva etc.

Assim também quando se fala em garantia da instrução processual e em garantia da aplicação da lei penal.

Desse modo, devem ser excluídos os critérios não instrumentais na adoção das prisões cautelares, com o objetivo claro e inequívoco de alargar o espectro de liberdade da parte mais fraca da relação jurídica, no caso o sujeito passivo.

Na visão garantista, o imputado deve comparecer livre perante o juiz, não só em virtude da dignidade humana do sujeito que se presume inocente, mas, sobretudo, por necessidades processuais.

Só dessa forma o imputado ficará em pé de igualdade com a acusação, para que possa organizar sua defesa, para que o acusador não possa construir teses falaciosas por intermédio da manipulação de provas.

Para Ferrajoli,[245] deve-se fazer uma análise crítica do princípio ou da noção de "necessidade" para a prisão cautelar. A concepção da prisão cautelar como uma "injustiça necessária" remonta à Beccaria, Carrara e Filangieri, entre outros.

A concepção liberal clássica dispunha que a prisão provisória estava calçada no princípio da necessidade, como um mal inarredável ante a necessidade de ocasião. Ou seja, dispunha que a prisão provisória era um mal que só deveria existir quando, sem ela, houvesse mal maior.[246]

FERRAJOLI, Luigi. *Direito e razão*: teoria do garantismo penal. Tradução de Ana Paula Sica *et al*. São Paulo: RT, 2006, p. 506. Ferrajoli ainda refere que foi Carrara quem elevou a presunção de inocência a postulado fundamental da ciência processual e a pressuposto de todas as demais garantias. Bem como recorda que partiram de Ferri e Garófalo os primeiros ataques contra a presunção de inocência, como se fora absurda, vazia e ilógica. Porém, o ataque mais duro veio de Manzini, para quem essa garantia era um "estranho absurdo excogitado pelo empirismo francês", julgando-a "grosseiramente paradoxal e irracional". Ibid., p. 507.

[245] FERRAJOLI, Luigi. *Derecho* ..., p. 555ss.
[246] TORNAGHI, Hélio. *Compêndio* ..., p. 1076.

Assim, ao invocar a "dura necessidade", a doutrina atual acabaria retrocedendo ao pensamento liberal clássico.

E, além de malferir a garantia da presunção de inocência com tal aporia teórica, a prisão provisória agride, na visão garantista, o princípio da jurisdicionalidade, que não consiste apenas no poder de decretar a prisão por ordem judicial, senão em poder decretá-la sobre a base de um *juízo*. Isso porque todo o arresto sem juízo ofende o sentimento comum da justiça, pois é percebido como um ato de força e de arbítrio. Não existe, com efeito, nenhuma decisão judicial ou ato do poder público que suscite tanto medo e insegurança e afete a confiança no Direito como o encarceramento de um cidadão sem processo.[247]

O jurista, assim, deve ser confrontado com um critério externo, além da própria Constituição, e com um critério interno ou constitucional, a fim de relacionar a prisão processual com as demais garantias constitucionais.

Só desse modo poderia responder quais são, se é que o são, as "necessidades" para a decretação da medida cautelar pessoal.

Mais do que tudo, a visão garantista deixa clara e explícita a incompatibilidade entre presunção de inocência ou não culpabilidade e as finalidades de prevenção e defesa social.

Restariam, assim, dois fundamentos sustentáveis e nitidamente cautelares para a sustentação da prisão provisória: o perigo de fuga do imputado e o perigo de ocultação de provas.

Porém, ainda nesses casos, os malefícios causados pela prisões provisórias poderiam ser dirimidos, com o objetivo de se amainar a estigmatização e a violência institucional sofridas pelo sujeito passivo.

Portanto, o que se pretende é a adoção de uma crítica construtiva, capaz de apontar os resquícios autoritários encontrados em muitas finalidades utilizadas para os decretos das prisões provisórias, como também propor medidas alternativas.

Assim, com a devida responsabilidade intelectual e política referida por Ferrajoli,[248] poderão ser defendidos e consolidados os valores da racionalidade, de tolerância e de liberdade, que estão na base da conquista da civilização, como a presunção de inocência.

---

[247] FERRAJOLI, Luigi. *Derecho*..., p. 555ss.
[248] Ibidem.

7.2. Prisão para a garantia da instrução

A prisão para a garantia da instrução criminal, prevista no art. 312 do Código de Processo Penal, é a que guarda maior relação com a instrumentalidade e a cautelaridade que devem nortear as prisões provisórias.

Adotando-se uma visão garantista, a defesa da instrução processual, da integridade das provas, da lisura das testemunhas, é a razão própria de existência das prisões cautelares.

Para Ibañez,[249] a prisão cautelar por ameaça ao material probatório é aquela que menos estigmatiza o sujeito passivo, pois, no caso, a assimilação de imputado a culpável se dá em menor grau. E, embora se argumente que um imputado inocente também poderia violar o material probatório para assegurar sua absolvição, tal fato só viria demonstrar que a medida cautelar em si mesma careceria de implicações culpabilizadoras.

A prisão em virtude de ameaça à instrução processual, portanto, tem especial relevância, pois visa a assegurar que o magistrado chegue ao seu *decisum* apurando uma prova idônea, legalmente carreada aos autos, sem vícios.

Essa constatação é ainda mais saliente no caso de crimes graves, no qual estão incursas organizações criminosas, como no caso de tráfico de entorpecentes e improbidades administrativas e financeiras.

Porém, mesmo em tais casos, os efeitos das prisões provisórias são terríveis para o sujeito passivo, razão pela qual devem ser minimizados.

Outrossim, a prisão para a garantia da instrução processual, não se pode negar, acaba por afetar o direito à ampla defesa e ao contraditório, pois tolhe do sujeito passivo o exercício pleno de sua defesa pessoal. A defesa técnica, em muitas ocasiões, sente de forma latente a ausência da defesa pessoal, que lhe poderia fornecer maiores subsídios para a tese defensiva.

Como referiu Carnelutti:[250]

> (...) No se olvide que, si el aislamiento ayuda a impedir que el imputado realice maniobras deshonestas para crear pruebas falsas o para quitar de en medio de pruebas verdaderas, más de una vez perjudica a la justicia porque, por el contrario, le quita la posibilidad de buscar y de proporcionar pruebas útiles para hacer conocer al juez la verdad.

---

[249] IBÁNEZ. *Perfecto...*, p. 26.
[250] CARNELUTTI, Francesco. *Lecciones...*, p. 75.

Portanto, mesmo no caso de ameaça ao material probatório, antes da prisão provisória, deveriam ser tomadas medidas alternativas, com o propósito de minorar a estigmatização e a violência sofridas pelo sujeito passivo.

Para Ferrajoli,[251] a prisão poderia ser substituída pela simples condução coativa do imputado, por horas ou dias, até que fosse coletada a prova ameaçada:

> Una exigencia de esta clase puede verse satisfecha, mejor que por la prisión cautelar, por el simples traslado coactivo del imputado ante el juez y su detención por el tiempo estrictamente necesario – horas o al máximo días pero no años – para interrogarlo en una audiencia preliminar o en un incidente probatorio y quizá para realizar las primeras comprobaciones acerca de sus disculpas.

Outra alternativa seria a antecipação de provas, de forma a produzir, de maneira mais célere, mas sem agredir o contraditório e a ampla defesa, o conteúdo probatório do processo.

O art. 225 do Código de Processo Penal trata de forma pueril da produção antecipada de provas. No caso, a lei processual dispõe que a produção antecipada só pode ser admitida em casos extremos, nos quais seja impossível a repetição de prova em juízo. Assim, limita a produção antecipada de provas.[252]

Em verdade, a produção antecipada de provas poderia ser mais uma alternativa para evitar a prisão provisória, por ser medida menos estigmatizante, desde que respeitadora dos direitos individuais e dos princípios da ampla defesa e do contraditório.

Desse modo, seria mais uma medida alternativa colocada à disposição do juiz, também excepcional, porém menos grave, de modo a evitar a profusão de prisões provisórias.

Na lição de Aury Lopes Júnior:[253]

> A produção antecipada de provas deve ser considerada como uma medida excepcional, justificada por sua relevância e impossibilidade de repetição em juízo..., que opera como um instrumento para jurisdicionalizar e conceder-lhe o status de ato de prova. Resumindo, a produção antecipada de provas tem sua eficácia condicionada

---

[251] FERRAJOLI, Luigi. *Derecho...*, p. 557.

[252] Lopes Júnior refere que os requisitos básicos para a produção antecipada de prova são: a) relevância e imprescindibilidade do seu conteúdo para a sentença; b) impossibilidade de sua repetição na fase processual, amparado por indícios razoáveis do provável perecimento da prova. Além disso, prossegue Lopes Júnior, o incidente deve ser praticado com a devida obediência ao contraditório e à ampla defesa, logo: a) em audiência pública; b) em ato presidido por autoridade judicial; c) na presença dos sujeitos e dos seus defensores; d) com sujeição às regras processuais, com todos os seus requisitos formais; e) o sujeito passivo deve ter o mesmo direito intervenção que lhe seria assegurado no processo. LOPES JÚNIOR, Aury. *Sistemas de Investigação...*, p. 192.

[253] LOPES JÚNIOR, Aury. Ibidem, p. 192.

aos requisitos mínimos de *jurisdicionalidade, contraditório, possibilidade de defesa e fiel reprodução* na fase processual.

A prisão provisória, portanto, deve ser evitada, devido ao seu custo elevadíssimo, razão pela qual ela se caracteriza como um verdadeiro remédio trágico, segundo a lição carneluttiana, capaz de causar mais danos ao paciente, ainda enquanto busque a justiça.

Por fim, é importante referir que a prisão para a garantia da instrução só tem razão de existência até a coleta da prova. Após, quando a prova já está nas mãos do julgador ou quando já não mais se realizará nenhum incidente probatório ou ainda, quando o réu comparece espontaneamente em juízo,[254] cai por terra a necessidade da prisão para a garantia da instrução processual.[255]

7.3. Prisão para a garantia da aplicação da lei penal

Outra finalidade de caráter instrumental prevista para a prisão cautelar é a garantia de aplicação da lei penal. Porém, mesmo nesse caso, quando é temida a fuga do réu ou suspeito, podem ser adotadas medidas alternativas, objetivando a evitação da prisão.

Segundo Ferrajoli,[256] o jurista deveria indagar: tal finalidade é legítima ? E se o for é proporcional em relação aos seus custos?

Preliminarmente, cabe referir que o perigo de fuga é provocado, não raro, pela severidade excessiva do regime de penas. Entretanto, a fuga se dá, no mais das vezes, mais pelo temor de uma prisão preventiva do que pelo temor de uma pena. Ou seja, é o desrespeito ge-

---

[254] Com o referido teor a decisão adianta referida, da lavra da Ministra Ellen Gracie: "Comparecimento do réu. Afastamento do fundamento para a decretação da prisão preventiva. O comparecimento do réu a juízo para ser interrogado afasta o fundamento de garantia da instrução processual invocado para a decretação da preventiva. Ordem deferida". (HC nº 82.082-4/PR, 1ª Turma, DJ 20.06.2003, p. 72, nº 1.468).

[255] Nesse sentido: "*Habeas Corpus*. Preventiva. Necessidade. É de se reconhecer constrangimento ilegal na manutenção de prisão provisória, fundada na garantia da instrução criminal, se todas as testemunhas já foram ouvidas no caso, o encerramento da instrução retira base a preventiva. Habeas Concedido. (HC nº 70000797753, 8ª Câmara Criminal, TJRS, Rel. Des. Tupinambá Pinto de Azevedo, j. 12.04.2000)"; "Prisão Preventiva. Intimidação e ameaça a testemunhas. Instrução já encerrada. Constrangimento Ilegal Caracterizado. ...Ao lado disso, se a prisão preventiva foi decretada para 'a preservação da instrução processual', procurando-se evitar constrangimentos ou intimidações para as testemunhas de acusação, uma vez que estas já foram inquiridas, sem que nenhuma violência ou ameaça lhes fosse concretamente dirigida, e superado, destarte, o risco que poderia representar a liberdade dos acusados ditos intimidadores, claro que a custódia já não tem mais razão de ser. Concede-se a ordem impetrada". (TJSP, HC nº 398.885/8, 2ª C. Crim., Rel. Des. Canguçu de Almeida, j, 04.11.02, Boletim nº 126 IBCCRIM, maio de 2003).

[256] FERRAJOLI, Luigi. *Derecho*..., p. 555ss.

neralizado pela garantia da presunção de inocência o motivador de muitas evasões. As evasões, de sua parte, perpetuam uma espraiada descrença nas instituições democráticas. Tem-se aqui, por conseguinte, um inequívoco círculo vicioso.[257]

A vulgarização das medidas cautelares pessoais promove e incentiva a fuga de imputados que, em situações normais, aguardariam o processo em liberdade e ficariam à disposição da Justiça.

Como dizia Voltaire:

> El rigor extremo de vuestro procedimiento criminal quien le obliga a esta desobediencia. Si un hombre está acusado de un crimen, empezáis por encerrarle en un calabozo horrible; no permítis el que tenga comunicación con nadie; le cargáis de hierros como si ya le hubieseis juzgado culpable. Los testigos que deponen contra él son oídos secretamente. Solo los vê un momento en la confrontación...Cuál es el hombre a quien este procedimiento no asuste? Donde hallar un hombre tan justo que pueda estar seguro de no abatirse?[258]

Ante a disseminação atual de um justiçamento imediato, a fim de atender a "ordem pública", é impossível impedir a fuga pelo temor de prisões antes mesmo de formado o juízo.[259]

Em segundo lugar, o acusado ao fugir, sofre forma especial de pena, pois a clandestinidade gera um estado de permanente insegurança, semelhante à antiga *acqua et igni interdictio* prevista pelos romanos como pena capital.[260] Além disso, como refere Ferrajoli,[261] a fuga do imputado e o seu afastamento da sociedade representariam a sua efetiva neutralização, com o atendimento de um dos fins da pena.

As ponderações de Ferrajoli, sem dúvida, abalam violentamente a finalidade da garantia de aplicação da lei penal. Assim, embora o ca-

---

[257] Para Ferrajoli, a mitigação das penas reduziria drasticamente o perigo de fuga. E, além disso, ainda segundo o professor italiano, a abolição da pena privativa de liberdade ou a redução da duração máxima da mesma para 10 anos reduziria o medo da pena e favoreceria a desaparição da própria prisão preventiva. FERRAJOLI, Luigi. *Derecho...*, p. 559.

[258] Apud FERRAJOLI, Luigi. *Derecho...*, p. 558.

[259] Veja-se a seguinte decisão do Supremo Tribunal Federal, que afasta a possibilidade de prisão em razão da fuga do réu que considera a prisão ilegal: "... Aplicável, na hipótese, o § 2º do artigo 408 do mesmo Código, já que o paciente é primário, registra bons antecedentes e não mais persiste o requisito da necessidade consubstanciado nas referidas hipóteses do artigo 312 do CPP, que num momento remoto legitimaram a medida excepcional. Impõe-se a prevalência de seu direito subjetivo de permanecer em liberdade até o julgamento pelo tribunal popular. *A fuga, para não sujeitar-se à prisão que se afigura ilegal, não é fundamento para a segregação cautelar. Igualmente não a justifica a simples circunstância de tratar-se de crime qualificado como hediondo.* ... Ordem deferida". (HC nº 82.585-1/PA, 2ª Turma, Rel. Min. Maurício Corrêa, j. 13.05.03, DJU 01.08.03, p. 141, nº 2.371).

[260] FERRAJOLI, Luigi. *Derecho...*, p. 559.

[261] Ibidem, loc. cit.

ráter instrumental de tal prisão, ela pode ser evitada, devido ao custo exacerbado de sua execução. Desse modo, em vez de se adotar a prisão, poderiam ser utilizadas outras medidas cautelares alternativas, como o comparecimento em juízo ou o monitoramento eletrônico.

Outrossim, não se pode deixar de referir que a prisão baseada no risco de fuga jamais poderia ser decretada se o réu possui endereço fixo e vem comparecendo aos atos do processo. Tampouco se pode declarar o réu em lugar incerto e não sabido se não foram esgotadas todas as alternativas para encontrá-lo[262] ou se o mesmo foi citado por edital.[263] O contrário seria a desconsideração absoluta do princípio da presunção de inocência.[264]

7.4. Prisão para a garantia da ordem pública e para a garantia da ordem econômica

Hoje, no Brasil, a prisão para a garantia da ordem pública está prodigalizada como uma panaceia para curar a ânsia de segurança do povo.[265] Contudo, é preciso reconhecer que os Tribunais Superiores

---

[262] Diz a jurisprudência: "Réu Ausente. Art. 366 do CPP. Prisão Preventiva. O réu, antes de ser declarado em lugar incerto e não sabido, com a conseqüente decretação da prisão preventiva para assegurar a aplicação da lei penal (art. 366 do CPP), como no caso dos autos, deve ser procurado em todos os endereços existentes nos autos. A decretação da prisão preventiva, prevista no art. 366 do CPP, deve, necessariamente, observar os requisitos previstos no art. 312. Não basta o réu estar em local incerto e não sabido; é necessário, para ser legítima a prisão, que esteja presente alguma das hipóteses que autorizam a decretação da preventiva. Ordem concedida". (TRF 4ª R, HC nº 2002.04.01.055841-7, 8ª T., rel. Des. Federal Volkmer Castilho, j. 10.02.2003, DJ 19.02.2003, p. 669).

[263] Leia-se a seguinte decisão do Tribunal de Alçada de São Paulo: "... Na hipótese em exame, não obstante a falta de fundamentação da r. decisão impugnada (fls.), a revelia da ré, por si só, não caracteriza qualquer das hipóteses apontadas pela doutrina como configuradora da 'conveniência da instrução criminal', uma das circunstâncias que autorizam a prisão preventiva, na forma do art. 312 do CPP". (HC nº 418.250/9, 2ª Câm., rel. juiz Osni de Souza, j. 12.09.2002, boletim do IBCCRIM nº 127, junho/2003).

[264] Veja-se a seguinte jurisprudência do Superior Tribunal de Justiça: "PENAL. PROCESSUAL. PRISÃO PREVENTIVA. AUSÊNCIA DE MOTIVOS A JUSTIFICAR O *PERICULUM LIBERTATIS*. 1. Mostra-se sem fundamento a determinação de custódia preventiva do paciente para garantir a ordem pública, face à sua periculosidade baseada em processo no qual foi absolvido; bem como para garantir a aplicação da pena, por se encontrar em local incerto, não obstante ter sido devidamente encontrado em sua própria residência. 2. Pedido de Habeas Corpus deferido, para revogar a prisão preventiva decretada contra o paciente." (HC 14623/SP, Quinta Turma, DJ 26.03.2001, p. 442, Rel. Min. Edson Vidigal).

[265] Veja-se, por exemplo, a seguinte decisão do STJ: "...Diante das condutas delituosas narradas na denúncia, com robustos indícios de envolvimento do ora paciente, evidenciando-se a audácia e a periculosidade dos agentes, afrontando a *tranqüilidade social*, a exigir uma pronta e imediata resposta do Estado-Juiz para a garantia da ordem pública, conforme ressaltou o magistrado de

limitaram tal espécie de prisão, inadmitindo generalizações acerca da gravidade abstrata do delito.

Contudo, o processo penal de emergência dos dias atuais, que visa a satisfazer uma demanda crescente e insaciável de segurança da mídia e da população, pressiona os magistrados e os juristas com o objetivo de que se adotem as prisões provisórias como punições antecipadas, a fim de demonstrar para todos que as instituições estão "funcionando e coibindo a prática delitiva".

A "ordem pública", de outra parte, tem servido para o decreto de prisão em múltiplos casos, ora para evitar a "reiteração delitiva do agente", ora em virtude do "clamor social", para a "preservação das instituições", para a "credibilidade da Justiça"[266] etc. Em síntese, quase tudo serve para prender em nome da "ordem pública", menos a ocorrência de uma efetiva situação cautelanda.

Mesmo no caso de reiteração delitiva do agente, há, em verdade, dupla presunção: a presunção de que o agente cometeu o delito e a presunção de que voltará a cometer delitos. *Ou seja, dá-se a violação da presunção de inocência e a instituição da presunção de culpabilidade*, especialmente quando tal possibilidade de reiteração é fruto de uma abstração e não de elementos concretos.

Odone Sanguiné[267] afasta a noção de clamor público como fundamento da prisão preventiva, declarando a sua inconstitucionalidade. Mas reconhece que, não obstante, um setor doutrinário, com o beneplácito de um segmento da jurisprudência dos Tribunais superiores, faz um exercício de prestidigitação retórica e transmuda o clamor público previsto apenas como requisito para denegação da fiança, *tout court*, em fundamento da prisão preventiva, enquadrando-o no conceito indeterminado da "garantia da ordem pública".

Segundo Odone Sanguiné,[268] com absoluta exatidão, é inconsistente o fundamento da prisão preventiva baseado no clamor público, pois a prisão em nome da "ordem" ou "clamor" público "tem nítido

---

1º grau, além de evitar no seio da sociedade a amarga sensação de impunidade e de descrédito do Poder Judiciário... (HC 27012/SC, HC 2003/0022799-2, DJ 04.08.2003, Quinta Turma)".

[266] O Supremo Tribunal Federal, em decisão que teve como relator o Ministro Sepúlveda Pertence, repele tal fundamento para a prisão: "... Prisão preventiva: motivação inidônea. O apelo à preservação da 'credibilidade da justiça e da segurança pública' não constitui motivação idônea para a prisão processual, que – dada a presunção constitucional da inocência ou da não culpabilidade – há de ter justificativa cautelar e não pode substantivar antecipação da pena e de sua prevenção geral" (HC nº 82.797-7/PR, DJU 02.05.03, p. 83, nº 663).

[267] SANGUINÉ, Odone. *A Inconstitucionalidade do Clamor Público como Fundamento da Prisão Preventiva*. In: SCHECAIRA, Sérgio Salomão (org.). *Estudos Criminais em Homenagem a Evandro Lins e Silva*. São Paulo: Método, 2001, p. 257-295.

[268] Idem, *Prisão...*, p. 99.

fim de pena antecipada". Tal pressuposto e seus argumentos retóricos como alarma ou irritação da coletividade provêm do nacional-socialismo alemão (decreto de 1935) e da Escola de Kiel. Ademais, ainda refere que tal conceito é largamente indeterminado, incompatível com a segurança jurídica e alheio à finalidade cautelar, sendo aceito na *práxis*, embora inconstitucional.

Assim ocorre, prossegue Sanguiné,[269] nos casos em que se confunde clamor público com ordem pública e também quando se fala em repercussão do crime na comunidade,[270] preservação da credibilidade do Estado, satisfação da opinião pública, proteção à paz pública, comoção social ou popular e modo de execução do crime, repercussão do crime na imprensa, classe social do acusado, repercussão social do crime, satisfação do sentimento de justiça e demora ou lentidão do processo.[271]

---

[269] SANGUINÉ, Odone. *A Inconstitucionalidade ...*, p. 257-295.

[270] Com o referido teor: "RECURSO ORDINÁRIO EM *HABEAS CORPUS*. PRISÃO PREVENTIVA. FUNDAMENTAÇÃO PRECÁRIA. *WRIT* CONCEDIDO. 1. A prisão antecipada daquele contra quem se move ação penal só é aceita se evidenciada sua necessidade, não se mostrando possível a convalidação do decreto preventivo, dado que o fato de o paciente não ter permanecido no distrito da culpa, após a ocorrência delituosa, não leva obrigatoriamente ao reconhecimento de ser imperativa a adoção da medida extrema, principalmente, como no caso, por se tratar de pessoa com bons antecedentes, possuindo residência fixa e atividade laboral. 2. *A repercussão do fato, em se tratando de pequena comuna, também não se erige em causa suficiente a justificar a custódia antecipada, sobrelevando-se o princípio da presunção de inocência, segundo o qual, em regra, somente após o trânsito em julgado de decisão condenatória pode ser imposta a pena de prisão. 3. Não se presta à manutenção da custódia a circunstância de se tratar de crime hediondo, tendo em conta que a gravidade do delito não é motivo bastante para justifica-la. Recurso Provido.*" (RHC 13051/MG, Sexta Turma, DJ 04.08.2003, p. 00425, Rel. Min. Paulo Gallotti).

[271] Com conteúdo semelhante as seguintes decisões do TJRS: "Recurso em Sentido Estrito. Prisão em flagrante. Concessão de Liberdade Provisória. Garantia da Ordem Pública. Ausência dos requisitos que autorizam a prisão preventiva. A liberdade é direito constitucional que só pode ser restringido quando presentes, no caso de custódia provisória, os requisitos do art 312 do CPP, em que pese a inexistência de um conceito claro, preciso e incontroverso do que seja Ordem Pública. Esta deve ser entendida restritivamente e a vista do fato imputado ao agente, estando vinculada ao princípio da legalidade. É incabível tentar incluir em seu conceito questões outras (como clamor público, segurança pública etc.), cuja solução transcende as reais possibilidades do direito penal. Recurso Não Provido (RSE nº 70006024483, 6ª Câmara Criminal, TJRS, Rel. Des. Marco Antonio Bandeira Scapini, j. 24.04.2003)"; "*Habeas Corpus*. Prisão Preventiva. Requisitos do art. 312 do CPP. *Fumus Boni Iuris* e *Periculum In Mora*. Clamor Público. Inadmissibilidade. Toda espécie de prisão provisória, enquanto espetacular exceção ao princípio constitucional da presunção de inocência (art. 5º LVII, da CF), exige a satisfação dos requisitos gerais em matéria cautelar, quais sejam, o fumus boni júris e o periculum in mora. O primeiro encontra-se consubstanciado nos indícios de autoria e prova da materialidade (concomitante), ao passo que o segundo pode se manifestar na necessidade de garantir a ordem pública (ou econômica), assegurar a aplicação da lei penal ou, ainda, por conveniência da instrução criminal (ao menos uma dessas hipóteses deve estar presente). O clamor público, a intranqüilidade social, o aumento da criminalidade, não são suficientes à configuração do *periculum in mora*: são dados genéricos, sem qualquer conexão com o fato delituoso praticado pelo réu, logo não podem atingir as garantias processuais deste. Outrossim, o aumento da criminalidade e o clamor público são frutos da estrutura social vigente, que se encarrega de os multiplicar nas suas próprias excrescências. Assim, não é razoável que tais elementos, genéricos o suficiente para levar qualquer cidadão à cadeia, sejam valorados para determinar o encarceramento prematuro. A gravidade do delito, por si só,

A mera referência ao texto legal, sem especificação do motivo real da previsão, nada mais é do que um abuso. Dá-se aí, sem dúvida, ensanchas à mitigação das garantias fundamentais.[272]

Portanto, a noção de ordem pública deve ser repelida, pois não possui característica instrumental. Trata-se de uma fragorosa violação do sistema garantista, que não pode tolerar a adoção de penas antecipadas.

As razões utilizadas para a prisão preventiva baseada na ordem pública não têm natureza cautelar, mas possuem um notório e translúcido caráter de justiçamento antecipado e de prevenção geral e especial.

Em tais casos, a partir de uma concepção subjetiva, tem-se uma justificativa apócrifa para o significado de ordem pública.[273]

Outrossim, a terminologia "ordem pública", embora mantida pela reforma de 2011, remonta ao período ditatorial de Vargas, merecendo, pois, uma efetiva e real filtragem constitucional. E, sob a ótica da Lei Maior, não se pode aceitar a violação da presunção de inocência, que ocorre de forma clara quando da adoção da prisão em nome da ordem pública.

Ordem pública pode ser a simples vontade subjetiva do juiz no caso concreto, sustentada por seu discurso dialético, pode ser a pres-

---

também não justifica a imposição de segregação cautelar, seja porque a lei penal não prevê prisão provisória automática para nenhuma espécie delitiva (e nem poderia porque a Constituição não permite), seja porque não desobriga o atendimento dos requisitos legais em caso algum. À unanimidade, concederam a ordem. (HC 70005916929, 5ª Câmara Criminal, TJRS, Rel. Des. Amilton Bueno de Carvalho, j. 12.03.2003)".

[272] Nesse sentido a seguinte decisão do TJRS: *Habeas Corpus*. Homicídio. Prisão Preventiva. Garantia da Ordem Pública e Aplicação da Lei Penal. Mera referência ao texto legal. Ausência de razões de fato. Constrangimento ilegal.Ordem concedida. (HC 70006247753, 3ª Câmara Criminal, TJRS, Rel. Des. Danúbio Edon Franco, 25.09.2003).

[273] Leia-se a ementa do seguinte acórdão, no qual operou como relator o Desembargador Amílton Bueno de Carvalho: "*Habeas Corpus*. Prisão preventiva. Requisitos legais. Presunção de periculosidade pela probabilidade de reincidência. Inadmissibilidade. A futurologia perigosista, reflexo da absorção do aparato teórico da Escola Positiva que, desde muito, tem demonstrado seus efeitos nefastos. Excessos punitivos de regimes políticos totalitários, estigmatização e marginalização de determinadas classes sociais (alvo do controle punitivo), tem acarretado a proliferação de regras e técnicas vagas e ilimitadas de controle social no sistema punitivo, onde o sujeito, considerado como portador de uma perigosidade social da qual não pode subtrair-se, torna-se presa fácil ao aniquilante sistema de exclusão social. A ordem pública, requisito legal amplo, aberto, e carente de sólidos critérios de constatação (fruto desta ideologia perigosista), portanto antidemocrático, facilmente enquadrável a qualquer situação, é aqui genérica e abstratamente invocada. Mera repetição da lei, já que nenhum dado fático, objetivo e concreto , há a sustenta-la. Fundamento prisional genérico, antigarantista, insuficiente, portanto. A gravidade do delito, por si só, também não sustenta o cárcere extemporâneo. Ausente previsão legal e constitucional de prisão por qualquer espécie delitiva. Necessária é sempre a presença dos requisitos legais (HC nº 70006140693, 5ª Câmara Criminal, TJRS, Rel. Des. Amílton Bueno de Carvalho, j. 23.04.2003)". *Site* <www.tj.rs.gov.br>.

são midiática, mas não a imperiosa necessidade de proteção do conteúdo probatório ou da garantia da aplicação da lei penal.

O mínimo que se poderia fazer, mas ainda com altos riscos, seria a determinação legal do que significa o termo ordem pública, a fim de se evitar o exacerbado subjetivismo ora vigente ou ainda relacionar a afetação da ordem pública como uma ameaça aos argumentos cautelares, antes vistos.

A ideia da prisão do imputado em função do alarma social da conduta, de outra parte, associa à prisão preventiva uma finalidade exclusivamente repressiva, esquecendo que o direito serve para proteger a minoria, inclusive contra a maioria, com o intuito de que não sejam espezinhados os direitos fundamentais.

Outrossim, observamos que uma concepção reacionária do Direito Processual Penal usa o termo "ordem pública" para perseguir os desviantes, em geral os menos aquinhoados, os pobres, os miseráveis, como sendo verdadeiras ameaças ao *establishment*.

Também não apresenta caráter cautelar a expressão "ordem econômica". Assim, de um lado e de outro se busca a satisfação de seus dogmas ideológicos, esquecendo-se de que os direitos humanos devem valer todos. Essa dicotomia não tem razão de existência, pois em ambos os casos os direitos fundamentais são violados.

Para Choukr:[274]

> Os argumentos nascidos dessa falsa cisão levam a extremos indesejados. A defesa das garantias individuais tende a levar seus defensores à posição de construtores de um sistema fraco, inoperante face aos caos e ligados política e ideologicamente à esquerda. Avesso às mudanças, paradoxalmente suas posições são rotuladas superficialmente como conservadoras em face da resistência às mudanças que são oferecidas. Por seu turno, os defensores da visão da segurança social tendem a ser vistos como legitimadores do autoritarismo estatal em detrimento do indivíduo. Normalmente são identificados politicamente como de direita e, paradoxalmente também, são vistos como grandes reformadores, que apregoam a necessidade de mudança que apenas não ocorre pelas injustificadas resistências do pólo oposto...Trata-se, pois, de uma polarização tão inconseqüente quanto paradoxal.

E prossegue Choukr,[275] referindo que "da segurança individual advinda do respeito pelo Estado dos direitos individuais e coletivos nasce a segurança social que com a primeira interagirá num processo dialético, sendo que o sistema penal num Estado democrático e de direito pauta-se pela tutela de ambos os pólos em questão". Só assim,

---

[274] CHOUKR, Fauzi Hassan. Op. cit., p. 11-12.
[275] Ibidem, loc. cit.

poderá ser construído um verdadeiro Estado de tolerância e de liberdade.

Da mesma forma deve ser repelida a adoção da justificativa "ordem econômica" para a decretação da prisão preventiva.

Diante de tudo o que foi exposto, o que se propugna é que a medida cautelar seja de fato um instrumento do processo, não uma forma de punição imediata, urgente e célere posta à disposição do magistrado.

Assim, será mitigada a ofensa à presunção de inocência representada pela medida cautelar, tudo com o anseio de reduzir a violência institucional e a estigmatização.

Além disso, reduzir a prisão provisória para poucas horas ou dias resultaria, na visão garantista, num incremento da eficácia judicial e, sobretudo, num instrumento para restaurar a confiança na magistratura e na certeza do Direito.[276]

E, acima de tudo, a supressão do cárcere sem processo ou juízo, ao eliminar o medo, resolveria a crise de legitimação do poder judicial e restituiria aos juízes o papel de garantes dos direitos fundamentais dos cidadãos.

---

[276] FERRAJOLI, Luigi. *Derecho...*, p. 559.

8. Prisão na fase de pronúncia

Outrora era possível a prisão como uma simples decorrência da pronúncia. Discutia-se a cautelaridade dessa prisão. Na verdade, tal prisão não tinha nenhuma relação com cautelaridade. Na sentença de pronúncia, o juiz declarava o dispositivo em que estava incurso o réu e recomendava-o na prisão em que se encontrava ou expedia as ordens necessárias para sua captura (§ 1º do art. 408 do CPP antigo).

O § 2º dispunha que, se o réu fosse primário e de bons antecedentes, poderia o juiz deixar de decretar a prisão ou revogá-la, caso preso. O § 3º previa que, se o crime fosse afiançável, seria, desde logo, arbitrado o valor da fiança, que constaria do mandado de prisão.

Até a famigerada Lei Fleury (Lei nº 5.941/73), o réu pronunciado deveria ser recolhido preso, advindo daí o caráter obrigatório da prisão.

Hoje, o CPP dispõe que se o crime for afiançável, o juiz arbitrará o valor da fiança para a concessão ou manutenção da liberdade provisória (art. 413, § 2º). O § 3º do art. 413 dispõe que juiz decidirá, fundamentadamente, sobre a manutenção, revogação ou substituição da prisão por medida cautelar alternativa, bem como sobre a necessidade ou não da decretação da prisão preventiva. Uma mudança, pois, que veio no sentido de trazer mais garantias, ao exigir uma fundamentação que leve em conta critérios cautelares.

Importa dizer, além disso, que o fato de o réu não ser mais primário ou não possuir bons antecedentes não poderia ter qualquer relação com a prisão. Verifica-se aí, mais uma vez, uma presunção de periculosidade que afronta a Constituição Federal.

Mais uma vez, recorde-se que todas as normas infraconstitucionais devem estar em consonância com a *Grundnorm*, que é a Carta Magna. Assim, aceita-se apenas a prisão nitidamente cautelar. Ou seja, o réu só deve ser preso após a decisão de pronúncia se estiver presente o requisito cautelar da garantia da instrução probatória ou da garantia da aplicação da lei, além do *periculum libertatis* e do *fumus comissi delicti*. E, acima de tudo, somente se houver o requerimento do Ministério Público, pois o decreto de prisão pelo juiz ofende o princípio acusatório, embora a norma legal assim o preveja.

A sentença de pronúncia deveria servir como uma ocasião obrigatória de revisão da prisão efetuada, em homenagem ao princípio da provisionalidade.

A prisão, repete-se, é forma de intervenção vexatória e altamente danosa, a mais grave, razão pela qual só pode ser aceita no caso das presenças dos requisitos e fundamentos da cautelaridade.

Considere-se, a bem da verdade, que o réu, mesmo após a instrução, ou seja, antes do julgamento pelo Tribunal do Júri, pode afetar o conteúdo probatório, por exemplo, ameaçando testemunhas que vão depor em Plenário. Em tais casos, por óbvio, caberia a prisão preventiva.

9. Prisão decorrente de decisão condenatória recorrível

Aqui também se discute o caráter cautelar ou não da prisão.[277] Na realidade, deve-se discutir a constitucionalidade da prisão que não possua caráter cautelar e não decorra de sentença condenatória transitada em julgado.

Como já referido, a Constituição diz que ninguém será considerado culpado até o trânsito em julgado de sentença penal condenatória (art. 5º, LVII). Também refere a Carta Magna que ninguém será preso senão em flagrante delito ou por ordem escrita e fundamentada da autoridade competente (art. 5º, LXI). Ou seja, em verdade, a concepção de prisão prevista na Constituição diz respeito ao atendimento do requisito e fundamento das cautelares. Não se pode admitir, sob pena de violação das garantias fundamentais de liberdade e segurança jurídica, a prisão daquele que não é culpado, em caso de ausência dos requisitos, fundamentos e condições das cautelares.

No afã de legitimar a prisão decorrente de sentença penal condenatória recorrível, estuda-se o Direito Processual Penal sob a mesma lupa do Direito Processual Civil, no que se comete grave erro, já apontado.

O fato, translúcido e crasso, é que um cidadão tem a liberdade cerceada sem que se saiba se é efetivamente culpado e, como se não bastasse, sem que estejam presentes os requisitos da cautelaridade.

Para Afrânio Jardim, tal prisão é aceitável, pois se trata de execução provisória da pena, sem caráter cautelar, sendo mero efeito da sentença condenatória que aprecia o mérito da pretensão punitiva, com natureza de tutela satisfativa, ainda que submetida à condição resolutiva, à apelação.[278]

---

[277] Afrânio Silva Jardim afasta o caráter cautelar da prisão em decorrência de sentença penal condenatória recorrível, sustentando, de forma acertada, tratar-se a mesma de execução penal provisória. JARDIM, Afrânio Silva. *Direito Processual Penal*. 6. ed. Rio de Janeiro: Forense, 1997, p. 275-288.

[278] JARDIM, Afrânio Silva. *Direito...*, p. 275-288.

O entendimento de Jardim é sustentado por sua visão unitária de processo, o que pode ocasionar, como no presente caso, sérios gravames aos direitos individuais. Ainda que se compreenda a referida lição como sendo uma tentativa de assegurar ao preso provisório os direitos do apenado previstos nas leis penais, processuais e na LEP (progressão de regime, *Sursis* etc.), ou seja, uma forma de lhe garantir mais direitos e benefícios, tal concepção não se ajusta ao macrocosmo jurídico garantista.

Isso porque o processo existe como um dique ante o arbítrio e o direito do mais forte, a fim de proteger o polo mais fraco, no caso o réu. Desse modo, o bem jurídico mais importante depois da vida, a liberdade, deve ser preservado numa redoma de garantias que o proteja de concepções ofensivas ao texto constitucional e aos direitos humanos internacionalmente assegurados.

Portanto, deve-se diferenciar, de forma expressa e inequívoca, os objetos atingidos pela execução provisória na seara penal e na seara civil. De um lado, se atinge o bem patrimonial, e, de outro, o bem vital, a liberdade. Tem-se aí, pelo óbvio ululante, a disparidade absoluta entre os bens atingidos. Pergunta-se: e se o réu preso pela sentença condenatória recorrível for absolvido pelo Tribunal após a apelação? Haverá forma de reparar o mal causado? E se o réu preso após decisão do Tribunal tiver o processo anulado nos Tribunais Superiores ou for absolvido pela atipicidade de sua conduta? Haverá justificativa para o réu?

Não há sustentação racional no contexto democrático para tal prisão, que desconhece uma fundamentação estribada nos direitos fundamentais, pois desnecessária ao processo ou seja, anti-instrumental.

As antigas disposições do art. 594 do Código de Processo Penal, que provém do período autoritário de Vargas e também do governo castrense, não podem ser aceitas, pois ofensivas ao texto constitucional de 1988.[279] Como refere Luiz Flávio Gomes,[280] a prisão antes do

---

[279] Cite-se o seguinte acórdão do Tribunal de Justiça do Estado do Rio de Janeiro: "Liberdade Provisória. Crime Hediondo. O direito à liberdade provisória constitui garantia constitucional (art. 5º, LXVI, CF), e só pode ser negado se presente alguma das hipóteses que autorizam a prisão preventiva. Tratando-se de crime hediondo, também a necessidade da custódia cautelar deve estar fundamentada de modo certo e objetivo, não se podendo presumir esta necessidade. A própria Lei nº 8.072/90, no seu art. 2º, § 2º, determina que *em caso de sentença condenatória, o juiz decidirá fundamentadamente se o réu poderá apelar em liberdade*. Ausente qualquer dos pressupostos da prisão preventiva, constitui-se direito público subjetivo à liberdade provisória, que não pode se pode negar com a mera alegação de que *estão presentes os requisitos da prisão preventiva (art. 312, CPP) e trata-se de crime hediondo de tráfico de entorpecentes, sendo vedada a concessão da liberdade provisória, eis que inviável a descaracterização para delito de uso próprio*. (...) Lição de Pontes de Miranda: *A técnica da Justiça começa por enfrentar dois temas difíceis: o da independência dos juízes e o da subordinação dos juízes á lei. Teremos ensejo de ver que a subordinação é ao direito, e não à lei, por ser possível a lei contra o direito*. Ordem concedida". (TJRJ, HC nº 62/2002, 5ª Câm. Crim., Rel. Des. Sérgio Verani, j. 05.02.02, boletim do IBCCRIM nº 133, dezembro de 2003).

trânsito em julgado da sentença penal condenatória só pode ocorrer, se estiverem presentes os requisitos da cautelaridade e a necessidade imperiosa de sua decretação.

Portanto, só existe razão para a restrição da liberdade antes do trânsito em julgado e após sentença condenatória recorrível, se estiver presente uma situação cautelanda, que legitime o pedido de prisão e o posterior decreto do juiz.

Assim também em relação à prisão em virtude de decisão que confirma a sentença condenatória ou que decorre de condenação em grau recursal, quando estão pendentes o recurso especial e/ou o recurso extraordinário. Ora, neste caso, tem-se evidente execução antecipada da pena, pois ainda não transitou em julgado a sentença. Nesse caso, a Lei 8.038/90 (art. 27, § 2º), que diz que os recursos especial e extraordinário não possuem efeito suspensivo, deve ser interpretada conforme a Constituição Federal, que garante a presunção de inocência. Desse modo, se o réu não pode ser considerado culpado antes do trânsito em julgado, razão não há para a prisão, se a mesma não decorre de uma situação cautelanda. Qualquer decisão que cerceie a liberdade do réu apenas com base em decisão condenatória, sem trânsito em julgado, não afeta apenas a presunção de inocência, como também arranha a ampla defesa e o contraditório, que acabam enfraquecidos.

A lei atual não impõe uma prisão como decorrência de condenação em primeiro ou segundo grau. De outra parte, é verdade que um poderoso *lobby* é feito, em especial por determinadas associações de classe, com o propósito de legitimar a prisão antes do trânsito em julgado, caso pendentes recursos de natureza apenas extraordinária, como se a presunção de inocência fosse um princípio fragilizado e segmentado. Ou seja, quando mais perto das instâncias Superiores, mais fraca a presunção de inocência, quanto mais longe, mais forte. Tal questão, porém, restou pacificada no Supremo Tribunal Federal, que vedou a antecipação de pena, no HC 84.078/MG, de 05.02.2009, Rel. o Ministro Eros Grau:

> Ofende o princípio da não-culpabilidade a execução da pena privativa de liberdade antes do trânsito em julgado da sentença condenatória, ressalvada a hipótese de prisão cautelar do réu, desde que presentes os requisitos autorizadores previstos no art. 312 do CPP.

---

[280] GOMES, Luiz Flávio. *Direito de Apelar em Liberdade*. 2. ed. São Paulo: RT, 1996, p. 34-36.

10. Liberdade provisória e fiança

A regra de tratamento ao imputado no ordenamento jurídico brasileiro é a liberdade. Portanto, não é a liberdade que é provisória, mas a privação da liberdade que assim o é. Contudo, consagrou-se tal conceituação, em decorrência do previsto na Carta Magna de 1988. Segundo a Constituição Federal de 1988, em seu art. 5°, incisos XLII, XLIII e XLIV, são inafiançáveis a prática de racismo, a tortura, o tráfico ilícito de entorpecentes e drogas afins, o terrorismo, os crimes hediondos, bem como a ação de grupos armados, civis ou militares, contra a ordem constitucional e o Estado Democrático. A má redação de tais dispositivos, contraditórios com dispositivos constitucionais que asseguravam a presunção de inocência (art. 5°, LVII), o devido processo legal (art. 5°, LIV), a garantia de liberdade, exceto nos casos de prisão em flagrante ou *por ordem escrita e fundamentada de autoridade judiciária competente* (art. 5°, LXI), durante longo tempo, causou insegurança jurídica, causando a prisão obrigatória e não fundamentada de inúmeros cidadãos presos por tais crimes. E tal insegurança jurídica perdurou até 2012, quando o Supremo Tribunal Federal (HC104.339/SP, Rel. Min. Gilmar Mendes), fazendo cessar uma divergência entre as suas duas Turmas, considerou inconstitucional o tópico da Lei de Drogas (Lei 11.343/06, art. 44), que vedava a liberdade provisória. Na verdade, sob a alegação da inafiançabilidade dos delitos acima referidos, era impedida a liberdade provisória dos acusados pelo delito de tráfico de drogas. Ou seja, para além da previsão inconstitucional de vedação da liberdade provisória, interpretava-se que a vedação da fiança impedia a liberdade provisória, como se entre nós fossem permitidos casos de prisão obrigatória.[281]

Portanto, que não se faça confusão. *A impossibilidade de fiança não veda a liberdade do cidadão.*

---

[281] E é interessante verificar que, antes disso, o Supremo Tribunal Federal já havia considerado inconstitucional norma que vedava a liberdade provisória nos casos de determinados crimes do Estatuto do Desarmamento (ADIN 3112-1).

Assim, podemos considerar que a liberdade "provisória" poderá ocorrer com fiança ou sem fiança. E, para além disso, a liberdade provisória com fiança poderá ocorrer com outras medidas cautelares alternativas. O mesmo se dará nos casos de liberdade provisória sem fiança, que também poderá ocorrer com medidas cautelares alternativas.

Importa, pois, verificar em quais situações isso tudo poderá ocorrer.

Segundo o art. 310 do CPP:

Art. 310. Ao receber o auto de prisão em flagrante, o juiz deverá fundamentadamente:
I – relaxar a prisão ilegal; ou
II – converter a prisão em flagrante em preventiva, quando presentes os requisitos constantes do art. 312 deste Código, e se revelarem inadequadas ou insuficientes as medidas cautelares diversas da prisão; ou
III – conceder liberdade provisória, com ou sem fiança.
Parágrafo único. Se o juiz verificar, pelo auto de prisão em flagrante, que o agente praticou o fato nas condições constantes dos incisos I a III do *caput* do art. 23 do Decreto-Lei nº 2.848, de 7 de dezembro de 1940 – Código Penal, poderá, fundamentadamente, conceder ao acusado liberdade provisória, mediante o termo de comparecimento a todos os atos processuais, sob pena de revogação.

No caso do inciso I, como já vimos quando do enfrentamento do tema da prisão em flagrante, trata-se da soltura do preso em razão da ilegalidade da prisão, que não respeitou os requisitos formais do flagrante. Não restará outra alternativa, por conseguinte, senão o relaxamento da prisão.

Imaginemos, contudo, que a prisão tenha sido ilegal, mas cheguem mais elementos acerca da necessidade da prisão. Aí é preciso cuidado, pois se tais elementos foram obtidos pelo flagrante ilegal, quer-nos parecer que a prisão nova, seja preventiva ou temporária, estaria eivada de ilegalidade, decorrente do flagrante. Isto é, deu-se aí uma contaminação, pois o flagrante foi ilegal e, portanto, o material com ele coletado, de forma que qualquer decreto prisional com base em tais elementos estaria contaminado pela ilegalidade anterior. Diferente seria se aportassem aos autos novos elementos, não decorrentes do flagrante. Nessa situação, ficando demonstrado, de maneira cabal, que tais elementos não possuem vinculação alguma com a prisão ilegal, haveria de ser apreciada a necessidade e razoabilidade da prisão cautelar posterior.

No segundo caso, quando se trata de um flagrante legal, homologado pela autoridade judicial, caso presentes a probabilidade de existência do delito (que em geral decorre do flagrante legal em si) e o *periculum libertatis*. Há de se perguntar sempre: há perigo na liberdade desse sujeito passivo da prisão? Está colocando em risco a investigação preliminar? Há risco de fuga embasado em elementos concretos? Ou apenas se está a aplicar uma antecipação de pena? Aqui fica claro que só se poderá decretar uma prisão preventiva caso efetivamente presentes os requisitos cautelares. *E, ainda que estejam presentes, haverá de se indagar se não será mais razoável e proporcional a adoção de medidas cautelares alternativas, conforme art. 282, § 6º, do CPP.*

Por fim, caso ausentes os requisitos do art. 312 ou sendo desnecessária, desproporcional ou inadequada a prisão ou outra medida cautelar, haverá a concessão de liberdade provisória, com ou sem fiança. Com a liberdade provisória, por sua vez, o sujeito deverá comparecer a todos os atos do processo.

A fiança, por sua vez, veio a receber outro tratamento com a Lei 12.403/11. Como uma contracautela, ela acaba por evitar a prisão do sujeito, em razão de ser vista como um fator inibidor da eventual fuga do sujeito. Trata-se, pois, de um instrumento que privilegia a desigualdade no processo penal, pois acaba por privilegiar as classes mais abastadas, em detrimento da imensa massa prisional, constituída por despossuídos. Na verdade, é um instituto, em que pese todos os seus antecedentes históricos, que denota o caráter funcional e utilitarista do nosso processo penal. E, assim, mais desigualdades são produzidas, aprofundando-se as peculiaridades de um processo penal profundamente injusto, como o nosso.

Embora o art. 350 do CPP fale da possibilidade de substituir a fiança por outra cautelar, no caso de pessoa sem condições econômicas, incapaz de pagar fiança, a verdade é que a previsão de tal instituto, "monetarizando" o processo penal, acaba por privilegiar os presos abastados e prejudicar os presos pobres. Na verdade, como sempre se fez no Brasil, tratou-se de forma mais benevolente o preso com dinheiro.

Segundo a Lei, o valor ou bens pagos como fiança servirão para custas do processo, indenização do dano, prestação pecuniária ou multa, caso o réu venha a ser condenado (art. 336 do CPP). E, o mais interessante, é que o referido dispositivo, em seu parágrafo único, dispõe que isso se dará mesmo no caso da prescrição do delito, depois de sentença condenatória. É de se interrogar como se poderá utilizar um valor para o pagamento de multa ou prestação pecuniária que estarão prescritas? Trata-se, pois, de evidente ilegalidade e inconstitucionalidade, pela violação do princípio da legalidade e proporcionalidade.

Como utilizar um valor para pagar multa e prestação pecuniárias prescritas?

A grande inovação trazida pela alteração da Lei 12.403/11 foi em relação aos valores da fiança, que deverão levar em conta a situação econômica do sujeito e a gravidade do delito:

> Art. 325. O valor da fiança será fixado pela autoridade que a conceder nos seguintes limites:
> I – de 1(um) a 100(cem) salários mínimos, quando se tratar de infração cuja pena privativa de liberdade, no grau máximo, não for superior a 4 (quatro) anos;
> II – de 10 (dez) a 200 (duzentos) salários mínimos, quando o máximo da pena privativa de liberdade cominada for superior a 4 (quatro) anos.
> § 1º Se assim recomendar a situação econômica do preso, a fiança poderá ser:
> I – dispensada, na forma do art. 350 deste Código;
> II – reduzida até o máximo de 2/3 (dois terços); ou
> III – aumentada em até 1.000 (mil vezes).

Em relação a tal tema é que se deverá ter o devido cuidado, em razão do caráter bastante elevado da fiança. Quanto mais elevado o valor da fiança, mais desigual o processo penal, mais favoritismo para os maiores detentores do capital. Não se pode perceber, ainda, todo o impacto que se está a gerar no processo. Mas ele se dará, com uma elitização ainda maior da liberdade, e uma proletarização ainda mais acentuada da prisão. Outrossim, mesmo no caso dos potentados, não se poderá deixar de considerar os critérios de proporcionalidade e razoabilidade, sob pena de se adotar uma medida cautelar alternativa ou de contracautela mais grave do que algumas penas.

Daí o motivo pelo qual as autoridades competentes para a concessão da fiança (a autoridade policial, nas infrações com pena privativa de liberdade máxima não superior a quatro anos; e o juiz, nos demais casos possíveis) deverão atuar com suma prudência, a fim de evitar a realização de injustiças. Relevante é colocar que o próprio agente poderá requerer a fiança ao juiz, caso a autoridade policial se demore ou recuse o ato, conforme o art. 335 do CPP.[282]

Por fim, não se deve esquecer dos casos de reforço, cassação, quebra e perda da fiança.

Segundo o art. 340 do CPP, haverá reforço da fiança quando a autoridade tomar, por engano, fiança insuficiente (inciso I), houver depreciação material ou perecimento dos bens (inciso II), for inovada a classificação do delito para um crime mais grave (inciso III).

---

[282] Interessante aqui é a ponderada crítica de Paulo Rangel, para os casos de fiança nos crimes punidos com detenção, que ultrapassem quatro anos. Em sua opinião, com a qual concordamos, a autoridade policial poderia conceder fiança em tais casos. RANGEL, Paulo. *Direito Processual Penal*. São Paulo: Atlas, 2013, p. 854.

É claro que sempre haverá de se indagar, em tais situações, se não serão mais proporcionais e adequadas outras medidas cautelares, que sejam menos onerosas e gravosas ao sujeito.

Além disso, quando a fiança for incabível ou for reconhecida a existência de delito inafiançável, no caso de nova classificação do crime, ela poderá ser cassada, conforme os arts. 338 e 339 do CPP. Nessa situação, os valores serão devolvidos ao sujeito.

Já a quebra do valor da fiança, ocorrerá nos casos previstos no art. 341 do CPP:

> Art. 341. Julgar-se-á quebrada a fiança quando o acusado:
> I – regularmente intimado para ato do processo, deixar de comparecer, sem motivo justo;
> II – deliberadamente praticar ato de obstrução ao andamento do processo;
> III – descumprir medida cautelar imposta cumulativamente com a fiança;
> IV – resistir injustificadamente a ordem judicial;
> V – praticar nova infração penal dolosa.

Em tais situações, o resultado será a perda de metade do valor da fiança, podendo ainda o juiz determinar a adoção de outra medida cautelar, até a prisão preventiva.

Observe-se que não é qualquer ausência em ato processual que acarretará a quebra da fiança, mas apenas aquela que não tiver um "motivo justo". Não há definição do que seja isso. Contudo, aí haverá de entrar a ponderação acerca da situação de saúde do sujeito, da sua atuação profissional e, essencialmente, do seu interesse processual em acompanhar uma audiência, por exemplo. Ora, num processo democrático, o sujeito poderá exercitar a defesa pessoal se assim o quiser, mas aí não se deveria impor o exercício dessa defesa. Daí por que a eventual ausência em determinado ato processual deverá ser bem ponderada pelo magistrado.

O mesmo se dará nos casos da dita "obstrução ao andamento do processo" ou "descumprimento de medida cautelar cumulativa". Sempre se haverá de ponderar os motivos para tais atos. Seria de se exigir, inclusive, numa interpretação mais ponderada, que o magistrado sempre deveria dar ao sujeito a possibilidade de se manifestar sobre tais fatos. De outra parte, não se pode confundir um renhido exercício do direito de defesa com obstrução ao andamento do processo. O papel da defesa e do acusado é o de defender os seus direitos, sem temores ou reservas.

Por fim, são verdadeiramente aberrantes as previsões dos incisos IV e V, pois acabam por quebrar a fiança pela suspeita de um crime (praticar nova infração penal dolosa) ou pela resistência injustificada à ordem judicial. Ora, o fato de ser suspeito ou acusado de uma infração penal não significa que o sujeito a tenha praticado. Por conseguinte, o que se pode dar aqui é a afetação da presunção de inocência (art. 5º, LVII). Na segunda hipótese (resistência injustificada a ordem judicial), será preciso sempre ponderar, detidamente, o motivo da resistência, em razão da excessiva amplitude dessa expressão. Se o sujeito recebe uma ordem judicial que significa uma imposição de autoincriminação, terá ele obrigação de cumpri-la? É preciso, pois, muito cuidado, para que se não cometam abusos contra os direitos fundamentais.

A perda da fiança ocorrerá na situação em que o condenado não se apresenta para o início do cumprimento da pena definitivamente imposta.

11. Das medidas cautelares alternativas

A grande inovação trazida pela Lei 12.403/11 foi a ampliação do rol de medidas cautelares alternativas colocadas ao dispor da autoridade judicial, a fim de evitar o encarceramento preventivo (art. 319 do CPP), madida que já defendíamos em 2002. Tais medidas não se aplicam à infração a que não for isolada, cumulativa ou alternativamente cominada pena privativa de liberdade (art. 283, § 1º, do CPP).

E é com tal espírito que tais alterações devem ser interpretadas. A lei veio no sentido do aumento do espectro de liberdade no direito processual penal, e não o contrário. O problema, porém, é que se percebe, cada vez mais, ao invés disso, o aumento do controle penal, e não a sua diminuição. Ou seja, as medidas cautelares alternativas não estão a ser usadas para a substituição das prisões cautelares, mas sim naqueles casos nos quais sequer se pensaria em lançar mão de prisão preventiva, por exemplo.

a) Comparecimento periódico em juízo, no prazo e nas condições fixadas pelo juiz, para informar e justificar atividades (art. 319, I, do CPP)

Tal medida se assemelha em muito com aquela já prevista para os casos de suspensão condicional do processo (art. 89 da Lei 9.099/95), nos quais o sujeito processual se apresenta de tempos em tempos em juízo.

Assim, em vez de decretar uma prisão preventiva, poderá o magistrado determinar o comparecimento periódico em juízo, como forma de preservar, especialmente, a aplicação da lei penal.

É importante que se leve em conta as condições pessoais do sujeito passivo dessa medida, a fim de que ele venha a ter condições efetivas de cumpri-la. Veja-se o caso, por exemplo, de alguém que está respondendo processo em comarca diferente da que reside. Deverá ele cumprir a medida na comarca onde responde pelo delito ou onde reside. Aqui, mais uma vez, é a ideia de ponderação e serenidade que deve conduzir a decisão do magistrado. Na verdade, não há vedação alguma para que tal medida seja aplicada na comarca onde reside o réu, que lá deverá se apresentar, a fim de lhe evitar mais custos e despesas.

b) Proibição de acesso ou frequência a determinados lugares quando, por circunstâncias relacionadas ao fato, deva o indiciado ou acusado permanecer distante desses locais para evitar o risco de novas infrações (art. 319, II, do CPP)

Não há dúvida de que tal medida busca evitar novas situações delitivas envolvendo o sujeito passivo. Contudo, não se pode negar que tal medida se embasa numa presunção. O risco de novas infrações. Portanto, impõe-se que a verificação da necessidade dessa medida leve em conta fatos concretos e determinados que indiciam a possibilidade de novos delitos. Do contrário, o que ocorrerá é apenas a expansão do controle penal, sem a demonstração de sua efetiva necessidade. E, aliás, e isso que se vê na práxis pretoriana. A utilização dessa medida como medida substitutiva da prisão, inclusive nos casos em que se não verifica qualquer indício ou elemento acerca da reiteração delitiva.

Vê-se, por conseguinte, a possibilidade de expansão, e não de redução do controle penal, quando, na verdade, tal medida deveria substituir a prisão em flagrante, com a imposição de medida cautelar alternativa, apenas caso estivessem presentes a probabilidade de existência do delito e o *periculum libertatis*.

Ainda assim, impõe-se referir, é uma medida menos gravosa que a prisão, daí a sua pretensa legitimidade.

Do ponto de vista fático, essa medida seria mais adequada para aqueles casos de conflitos intersubjetivos, nos quais se procura evitar o encontro entre o sujeito e terceiras pessoas, em determinados locais, frequentados por ambos.

E, como outro ponto que aponta a fragilidade de tal medida, é a aferição do controle e da efetividade. Via de regra, será a vítima ou um terceiro envolvido no processo que acabará por fazer o controle do cumprimento dessa medida.

c) Proibição de manter contato com pessoa determinada quando, por circunstâncias relacionadas ao fato, deva o indiciado ou acusado dela permanecer distante (art. 319, III, do CPP).

Aqui, de fato, parece que se está diante de uma medida de caráter efetivamente cautelar, que objetiva proteger e tutelar a prova, sejam as vítimas, testemunhas, acusadores, corréus e, por que não, até a desprezível figura do delator etc.

Não é incomum, especialmente quando se trata de tráfico de drogas, que a simples presença do réu, próximo da vítima, das testemunhas ou de terceiros, acabe por abalar a busca da verdade e constranger a coleta e a construção idônea da prova. Trata-se, pois, de uma medida adequada, em determinadas situações, especialmente de conflitos interpessoais.

É preciso, ainda, que se analise com muito cuidado a determinação e fiscalização de tais medidas. Em quantos e quantos casos, há a alegação fictícia de que o réu teria se aproximado de determinadas pessoas.[283] Aqui, mais uma vez, parece que é fundamental a análise percuciente acerca dos elementos que denotam, de maneira cabal, o descumprimento da medida.

d) Proibição de ausentar-se da comarca quando a permanência seja conveniente ou necessária para a investigação ou instrução.

Trata-se, sem dúvida, de mais uma medida que apresenta evidente caráter cautelar, especialmente para a evitação da prisão preventiva conectada com a garantia da aplicação da lei penal.

É uma medida que garante e obriga a presença do sujeito passivo na comarca, quando necessário para a investigação ou instrução. Trata-se, pois, de proteger a aplicação da lei penal, como também a integridade da prova que está a ser coletada.

Em que pese tais observações, não se pode deixar de referir as lições de Aury Lopes Júnior, de que há uma diferença sensível entre necessidade e conveniência. Uma coisa é uma medida que é necessária para a investigação ou instrução. Outra, bem diferente, é uma medida que é apenas conveniente.[284] Assim, retira-se o caráter de necessidade da medida. E, para além disso, como disse Aury Lopes Júnior, a medida seria melhor utilizada, para minorar o risco de fuga, e não para tutelar a prova, especialmente em razão do direito ao silêncio e do direito de não fazer prova contra si.[285]

---

[283] E aqui importa verificar um caso, que envolvia pretensa violência doméstica, no qual, por provocação da dita vítima, o réu acabou por se encontrar com ela, gerando posterior pedido de decretação de prisão preventiva, por descumprimento de medida cautelar. O pedido não foi atendido, pois o réu guardou as mensagens de texto de celular que atestavam a instigação e pressão da vítima para o encontro.

[284] LOPES JÚNIOR, Aury. *Direito Processual Penal*. São Paulo: Saraiva, 2013, p. 867.

[285] Idem. E não se pode esquecer, aqui, do disposto no art. 320 do CPP, que dispõe: "A proibição de ausentar-se do país será comunicada pelo juiz às autoridades encarregadas de fiscalizar as saídas do território nacional, intimando-se o indiciado ou acusado para entregar o passaporte, no prazo de vinte e quatro horas". Na verdade, trata-se de mais uma medida cautelar, disposta ao poder do juiz.

e) Recolhimento domiciliar no período noturno e nos dias de folga quando o acusado tenha residência e trabalho fixo.

Trata-se de medida cautelar que se assemelha muito à chamada "limitação de fim de semana", pena restritiva de direitos quase em desuso, em razão do caos penitenciário.

Impõe-se, pois, repelir tal espécie de medida processual, quando se assemelha com uma pena restritiva de direitos, sem vinculação cautelar.

Outra realidade é aquela que decorre da tentativa de manutenção da higidez da lei penal, isto é, da proteção e da garantia da aplicação da lei penal. Aí não se vê qualquer empecilho para a adoção de tal medida, exceto aquele que diz respeito com a fiscalização que se poderá fazer.

Quer-nos parecer que seria melhor, em tais situações, lançar mão do monitoramento eletrônico, e não da cumulação entre ambas as medidas, o que seria mais gravoso para o sujeito passivo da prisão.

E, como se não bastasse, seria correto indagar acerca da relação dessa espécie de medida cautelar e da prisão domiciliar. Na verdade, apresenta-se como uma prisão domiciliar noturna e em dias de folga, para casos mais elásticos do que aqueles que tratam da prisão domiciliar em si, prevista nos arts. 317 e 318 do CPP (que impõem os requisitos de ser maior de 80 anos, estar extremamente debilitado por motivo de doença grave, quando for imprescindível aos cuidados especiais de menor de seis anos de idade, ou com deficiência e no caso de gestante, a partir do 7º mês de gravidez ou sendo esta de alto risco).

f) Suspensão do exercício de função pública ou de atividade de natureza econômica ou financeira quando houver justo receio de sua utilização para a prática de infrações penais.

Aqui, mais uma vez, é preciso ponderação. A medida em si e por si é extremamente severa, pois acarreta o afastamento do funcionário público ou de atividade de natureza econômica e financeira, antes mesmo de sentença penal condenatória.

A repercussão prática de tal medida cautelar tem sido extremamente gravosa, pois já há casos de indivíduos afastados da função pública há mais de um ano. Uma medida gravosa e que vai dilacerando, lentamente, a ideia de presunção de inocência no curso do processo penal.

O mesmo se dá no caso de indivíduos envolvidos em atividades econômicas ou financeiras.

O problema está é na finalidade da medida. Na verdade, tal medida deveria objetivar a tutela da prova, isto é, a proteção do material probatório do processo, a evitação de pressões e constrangimentos para pessoas que estão num patamar de inferioridade hierárquica em relação aos sujeitos passivos da medida. Contudo, a lei fala em justo receio de novas infrações penais. Ou seja, impõe a presunção de novas infrações penais. Mais uma vez, isso só se poderá dar com elementos concretos. E, a partir de tais elementos, o magistrado deverá ponderar acerca da necessidade dessa medida, sob pena de se violar a presunção de inocência, com a instituição de presunção de que o sujeito passivo vai praticar novos delitos. Repete-se: a determinação de tais medidas só se pode dar com os requisitos das cautelares.

g) Internação provisória do acusado nas hipóteses de crimes praticados com violência ou grave ameaça, quando os peritos concluírem ser inimputável ou semi-imputável (art. 26 do Código Penal) e houver risco de reiteração.

Trata-se de uma inegável inovação, que prevê uma espécie de medida de segurança provisória, durante a fase processual.

Mais uma vez, deve estar presente o risco comprovado de reiteração delitiva e não uma mera construção cerebrina, desprovida de realidade fática. Sem risco efetivo e concreto de reiteração delitiva, tal medida não pode ser efetivada.

Ademais, dever-se-á tratar de crimes praticados com violência ou grave ameaça, com a presença de uma constatação pericial de inimputabilidade ou semi-imputabilidade. E aí é que se coloca, novamente, a perigosa e conturbada relação entre o direito penal e a medicina. Duas ciências moles, sem a dureza de outras ciências. Portanto, duas ciências sujeitas ao erro e com limites muito claros na apreciação de certas questões, especialmente da inimputabilidade e da semi-imputabilidade. Há, muitas vezes, uma pequena e estreita linha limítrofe entre a imputabilidade e a semi-imputabilidade, bem como entre a inimputabilidade e semi-imputabilidade.

É aí que se expande o risco do direito penal. O risco da adoção de medidas gravosas e que se assemelham com autênticas prisões, com base em elementos que indiciam doenças mentais e transtornos de personalidade.

A verdade, e é importante que se fale em verdade no processo penal, não numa verdade real, desprovido de senso e de serenidade, é que mesmo em tais situações se deverá indagar sempre acerca do requisito e do fundamento das medidas cautelares pessoais.

Do contrário, correremos o risco de criar as figuras dos "inimputáveis e semi-imputáveis provisórios", muito bem criticadas por Aury Lopes Júnior.[286]

Eis uma medida que é inovadora e que deve ser apreciada com o devido cuidado e apuro, a fim de evitar danos quase irreparáveis para os sujeitos passivos de tais cautelares.

h) Fiança

Tal medida já foi apreciada quando se tratou de "fiança e liberdade provisória".

i) Monitoração Eletrônica

Essa polêmica medida cautelar será aquela que terá, num futuro próximo, a maior capacidade de limitação das prisões cautelares. Por certo que não esquecemos aqui a grande resistência que sempre foi imposta contra tal medida no nosso Direito.[287] Porém, a realidade prática impôs o reconhecimento da menor danosidade dessa medida se comparada com a privação da liberdade, ainda mais em razão do caos do sistema prisional brasileiro.

É bem verdade que tais medidas podem afetar a dignidade da pessoa humana (art. 1°, III, da CF/88), especialmente quando visíveis para terceiros, bem como estigmatizar de maneira contundente os portadores de tais aparatos eletrônicos. Contudo, tal medida continua a ser menos gravosa que a prisão e será amplamente adotada, mormente com a nanotecnologia que já começa a ser empregada na construção e criação de novos aparatos eletrônicos.

Como já dissemos, para o seu uso deverão estar presentes os requisitos e fundamentos da cautelares, antes referidos. E, especialmente, haverá de ser utilizada para a proteção da garantia da aplicação da lei penal, para a evitação de contatos com terceiros ou para a evitação de comparecimento em determinados lugares. Não é de se desprezar a ideia, de que num futuro nem tão longínquo, a prisão para a garantia da lei penal será cada vez mais escassa, em razão dos meios tecnológicos que estarão disponíveis ao Estado em matéria de monitoramento eletrônico.

---

[286] LOPES JÚNIOR, Aury. *Direito Processual Penal*. São Paulo: Saraiva, 2013, p. 870.

[287] Tema, aliás, já abordado no nosso *Teoria Geral da Prisão Cautelar e Estigmatização*. Rio de Janeiro: Lumen Juris, 2006.

A grande discussão que se dará, então, não será acerca da garantia da liberdade do sujeito passivo, mas da sua intimidade (art. 5º, X, da CF/88), que acabará por ser controlada por tais meios de controle. Uma discussão que haveremos de enfrentar, no momento oportuno, sempre com a ideia de proteção da pessoa humana no centro da discussão penal.

12. Da prisão domiciliar

O Código de Processo Penal trouxe uma disciplina nova para tal espécie de prisão, menos gravosa que as demais prisões cautelares. Com tal medida, conforme referido antes, o sujeito passivo da prisão fica preso em seu domicílio, dele se retirando apenas com autorização judicial (art. 317 do CPP).

O art. 318, por sua vez, permite a substituição da prisão preventiva por prisão domiciliar quando o agente for:

Art. 318.
(...)
I – maior de oitenta anos;
II – extremamente debilitado por motivo de doença grave;
III – imprescindível aos cuidados especiais de menor de seis anos de idade, ou com deficiência;
IV – gestante a partir do 7º (sétimo) mês de gravidez ou sendo esta de alto risco.

Realmente, a legislação brasileira não prima pela coerência e pela organicidade. O Estatuto do idoso chama idoso aquele que possui 60 anos ou mais (Lei 10.741/03, art. 1º). O Código Penal dispõe que é uma atenuante o sujeito possuir mais de 70 anos ao tempo da sentença (art. 65, I) e prevê ainda que a prescrição cairá pela metade se o sujeito tiver mais de 70 anos ao tempo da sentença (art. 115). E, agora, prevê prisão domiciliar apenas para o maior de 80 anos.

Trata-se, pois, de uma legislação feita aos retalhos, sem coerência, sem uma política criminal que a tenha norteado, com base teórica. Daí a incongruência da legislação penal e processual penal.

A própria questão da debilidade, prevista no inciso II, exige um critério absolutamente genérico, "extremamente", tudo a depender da avaliação que o médico fará em seu relato e que o juiz deverá interpretar. E mais, a lei parece levar em conta apenas a debilidade decorrente de doença, e não de outro infortúnio, como um acidente. Sem dúvida, em tais situações se deverá apreciar se haverá ou não uma situação de debilidade "extremamente" grave, independente de se tratar de doença ou não.

Também é incompreensível que se leve em conta o caso das crianças menores de seis anos, e não de todas as crianças (pessoas com doze anos incompletos), que podem carecer da assistência e dos cuidados de tais agentes. Uma lei protege as crianças (Lei 8.069/90), e a outra (o CPP) lhe retira a proteção. É evidente que sempre se deverá avaliar, com base em *prova idônea*, como diz a lei (art. 318, parágrafo único, do CPP), tal situação, mas não se compreende como o legislador cria e estabelece, conforme os rumos do vento, tais diferenciações. E se a criança tiver sete anos, e o agente for essencial aos seus cuidados, caberá ao juiz desproteger a criança com sua decisão, ou simplesmente aplicar a lei. Aqui é preciso que se faça uma interpretação conforme a CF/88, a fim de evitar situações injustas, nas quais o cumprimento da legalidade estrita se configura como a violação do direito e da dignidade da criança, afetada pela medida.

No que concerne ao problema das pessoas portadoras de deficiência, mais uma vez se deverá ponderar, sempre, a proporcionalidade e razoabilidade de tais medidas.

Em relação ao problema da gestante, importará sempre verificar a possibilidade da prisão domiciliar no caso da gestante a partir do sétimo mês de gestação. E, nos casos de "alto risco", tal prisão domiciliar poderá ocorrer antes mesmo do sétimo mês, levando em conta o risco para a gestante e para a vida em formação que ela carrega em si. Trata-se, pois, de um cuidado que não se dá apenas com a mãe, mas com a vida humana que está em formação, com o outro, com aquele que não pode-se defender.

Tais medidas, sem dúvida, possuem um inequívoco caráter de humanidade, que deveria nortear o direito penal e o processo penal em uma Nação democrática.

Referências

ADOLFO RUSCONI, Maximiliano. Prisión Preventiva y Limites del Poder Penal del Estado en el Sistema de Enjuiciamiento, *Sec.Doctrina*, 1997.
ALMEIDA JÚNIOR, João Mendes de. *O Processo Criminal Brasileiro*. Rio de Janeiro: Freitas Bastos, 1920.
ALMEIDA, J. Canuto Mendes de. *A Contrariedade na instrução criminal*. São Paulo: Saraiva, 1937.
ALMEIDA, João Pio de. *Borges de Medeiros – subsídios para o estudo de sua vida e de sua obra*. Porto Alegre: Livraria do Globo, 1928.
ALVIM, Newton. *Silveira Martins*. 2. ed. Porto Alegre: Tchê, 1987.
ANDRADE, Manuel da Costa. "Métodos ocultos de investigação (*plädoyer* para uma teoria geral)". In: MONTE, Mário Ferreira *et al.* (org.). *Que futuro para o direito processual penal?* Coimbra: Coimbra Editora, 2009.
ANDRADE, Manuel da Costa. *Sobre as proibições de prova em processo penal*. Coimbra: Coimbra Editora, Reimpressão, 2006.
ARAGONESES ALONSO, Pedro. *Instituciones de Derecho Procesal Penal*. 5. ed. Madrid: Rubi Artes Gráficas, 1984.
ARAGONESES MARTINEZ, Sara *et al*. *Derecho Procesal Penal*. Madrid: Centro de Estúdios Ramon Areces, 1996.
——. *Derecho Procesal Penal*. Madrid: Colección Ceura, 1999.
AROUET (VOLTAIRE), François Marie. *Cartas Inglesas ou Cartas Filosóficas*. São Paulo: Abril, 1978. Coleção Os Pensadores.
BANACLOCHE PALAO, Julio. *La Libertad Prisional y Sus Limitaciones*. Madrid: McGraw-Hill, 1996.
BARANDIER, Antonio Carlos. *As Garantias Fundamentais e a Prova (e outros temas)*. Rio de Janeiro: Lumen Juris, 1997.
BARATTA, Alessandro. Por um Concepto Critico de "Reintegración Social" del Condenado. In: OLIVEIRA, E. (coord.). *Criminologia Crítica – Fórum Internacional de Criminologia Crítica*. Belém: Cejup, 1990.
——. Para uma teoría de los derechos humanos como objeto y límite de la ley penal. *Doctrina Penal*, n. 40, [s.d.].
——. *Criminologia Crítica e Crítica do Direito Penal*. 2. ed. Rio de Janeiro: Freitas Bastos/Instituto Carioca de Criminologia, 1999.
BARROS, Romeu de Campos. *Processo Penal Cautelar*. Rio de Janeiro: Forense, 1982.
BATISTA, Weber Martins. *Liberdade Provisória*. Rio de Janeiro: Forense, 1981.
BAUR, Fritz. *Tutela Jurídica Mediante Cautelares*. Tradução de Armindo Laux. Porto Alegre: Fabris, 1985.
BECCARIA, Cesare. *Dos Delitos e das Penas*. São Paulo: Revista dos Tribunais, 1996.
BELEZA, Teresa Pizarro. "Prisão preventiva e direitos do arguido". In: MONTE, Mário Ferreira *et al.* (org.). *Que futuro para o direito processual penal?* Coimbra: Coimbra Editora, 2009.
BELING, Ernst. *Derecho Procesal Penal*. Trad. Miguel Fenech. Barcelona: Editorial Labor, 1943.
BITENCOURT, Cezar R. *A Falência da Pena de Prisão*, Causas e Alternativas. São Paulo: RT, 1993.

BLUMER, H. A massa, o público e a opinião pública. In: COHN, G. (org.). *Comunicação e Indústria Cultural*. São Paulo: Editora Nacional e Edusp, 1971.

BOBBIO, Norberto. *Teoria do Ordenamento Jurídico*. 10. ed. Tradução Maria Leite dos Santos. Brasília: UNB, 1999.

BONAVIDES, Paulo. *Curso de Direito Constitucional*, 10. ed. São Paulo, Malheiros, 2000.

CALAMANDREI, Piero. *Introdução ao Estudo Sistemático dos Procedimentos Cautelares*. Campinas: Servanda, 2000.

CANOTILHO, J. J. Gomes. *Direito Constitucional e Teoria da Constituição*. Coimbra: Almedina, 1998.

CARNELUTTI, Francesco. *Lecciones sobre el Proceso Penal*. Tradução de Santiago Santís Melendo. Buenos Aires: Bosch, 1950. v. IV.

——. *Princípios de Direito Processual Penal*. Buenos Aires: Ciências Jurídicas, 1971.

——. *As Misérias do Processo Penal*. 2. ed. Campinas: Bookseller, 2002.

CARVALHO, Américo Taipa de. *Sucessão de Leis Penais*. Coimbra: Coimbra, 1990.

——. *Sucessão de Leis penais*. 2. ed. rev. Coimbra: Coimbra Editora, 1997.

——. Lei, Para Que(m)? In: WUNDERLICH, Alexandre (org.). *Escritos de Direito e Processo Penal em Homenagem ao Professor Paulo Cláudio Tovo*. Rio de Janeiro: Lúmen Júris, 2002.

CARVALHO, Salo de. *Garantismo e Sistema Carcerário: crítica aos fundamentos e à execução da pena privativa de liberdade no Brasil*. Tese De Doutorado. Curitiba: UFPR, 1999.

——. Da Desconstrução do Modelo Jurídico Inquisitorial. In: WOLKMER, Antonio Carlos. *Fundamentos de História do Direito*. 2. ed. Belo Horizonte: Del Rey, 2001.

——. *Aplicação da Pena e Garantismo*. Rio de Janeiro: Lumen Juris, 2001.

——; WUNDERLICH, Alexandre. *Criminalidade Econômica e Denúncia Genérica:* Uma Prática Inquisitiva. In: BONATTO (org.). Gilson. *Garantias Constitucionais e Processo Penal*.. Rio de Janeiro: Lumen Juris, 2002.

CHOUKR, Fauzi H. *Processo Penal de Emergência*. Rio de Janeiro: Lumen Juris, 2002.

CHRISTIE, Nils. Conversa com um Abolicionista Minimalista. In: *Revista Brasileira de Ciências Criminais*, n. 22, jan.-mar. 1998.

CINTRA, A.C; PELLEGRINI, Ada; DINAMARCO, C. *Teoria Geral do Processo*. 3. ed. São Paulo, RT, 1981.

COMPARATO, Fábio Konder. *Para Viver a Democracia*. São Paulo: Brasiliense, 1989.

COMTE SPONVILLE, André. *O Ser-Tempo: algumas reflexões sobre o tempo da consciência*. Tradução: Eduardo Brandão. São Paulo: Martins Fontes, 2000.

COSTA, José Francisco de Faria. *Noções fundamentais de direito penal*. Coimbra: Coimbra Editora, 2007.

COSTA, José Francisco de Faria. *O perigo em direito penal*. Coimbra: Coimbra Editora, 1992.

COUTINHO, Jacinto Nelson de Miranda. *Introdução aos Princípios Gerais do Direito Processual Penal Brasileiro*. Separata! TEC, Ano 1, n. 4, 2000.

D'ARAÚJO, Maria Celina; CASTRO, Celso (org.). *Ernesto Geisel*. 3.ed. Rio de Janeiro: Fundação Getúlio Vargas, 1997.

DAVID, René. *O Direito Inglês*. São Paulo: Martins Fontes, 1997.

D'AVILA, Fabio. *Ofensividade em direito penal:* escritos sobre a teoria do crime como ofensa a bens jurídicos. Porto Alegre: Livraria do Advogado, 2009.

DELMANTO JÚNIOR, Roberto. *As Modalidades de Prisão Provisória e Seu Prazo de Duração*. Rio de Janeiro: Renovar, 2001.

DIAS, Jorge de Figueiredo. *Direito processual penal*. Coimbra: Coimbra Editora, 2004.

——; ANDRADE, Manuel da Costa. *Criminologia – O Homem Criminoso e a Sociedade Criminógena*: Coimbra, 1992.

——. "Sobre a reforma penal, justiça penal portuguesa e brasileira, tendências de reforma". In: FRANCO, Alberto Silva et al. (org.). Justiça penal portuguesa e brasileira: tendências de reforma. Colóquio em homenagem ao IBCCRIM. São Paulo: IBCCRIM, 2008.

DOTTI, René Ariel. Textos Antigos; Crise Permanente. In: *Revista Brasileira de Ciências Criminais*, RT, n. 21, jan-mar. 1998.

ECO, Umberto. In: SILVA, Juremir Machado da. *O Pensamento do Fim do Século*. Porto Alegre: L&PM, 1993.

ETZKOWITZ, Henry. *Universidade-indústria-governo, inovação em movimento*. Porto Alegre: Edi-Pucrs, 2009.

EYMERICH, Nicolau. *Manual dos Inquisidores*. Rio de Janeiro: Rosa dos Ventos, 1993.

FARIA, Bento de. *Código de Processo Penal*. Editora Jacinto: Rio de Janeiro, 1942, Vol. 1.

FAYET, Ney. *A Sentença Criminal e Suas Nulidades*. 5. ed. Rio de Janeiro: Aide, 1987.

FERNANDES, Antônio Scarance. "Reflexões sobre as noções de eficiência e de garantismo no processo penal". In: FERNANDES, Antônio Scarance; ALMEIDA, José Raul Gavião de; MORAES, Maurício Zanóide de (org.). *Sigilo no processo penal, eficiência e garantismo*. São Paulo: Revista dos Tribunais, 2008.

——; ALMEIDA, José Raul Gavião de; MORAES, Maurício Zanóide de (org.). *Sigilo no processo penal, eficiência e garantismo*. São Paulo: Revista dos Tribunais, 2008.

——. "Os procedimentos no Código Projetado". *Boletim do IBCCRIM*, São Paulo, ano 18, ago. 2010. Edição Especial.

FERRAIOLI, Marzia; DALIA, Andréa Antonio. *Manual Di Diritto Processuale Penale*. 4.ed. Padova: CEDAM, 2001.

FERRAJOLI, Luigi. *Derecho y Razón. Teoria del Garantismo Penal*. 4.ed. Madrid: Trotta, 2000.

——. *Direito e razão*: teoria do garantismo penal. Tradução de Ana Paula Sica, Fauzi Choukr, Juarez Tavares, Luiz Flávio Gomes. São Paulo: RT, 2006.

FLACH, Norberto. *Prisão Processual Penal: Discussão à luz dos princípios constitucionais da proporcionalidade e da segurança jurídica*. Rio de Janeiro: Forense, 2000.

FOUCAULT, Michel. Sobre a Prisão. *Magazine Littéraire*, [s.d.].

——. *Vigiar e Punir. Nascimento da Prisão*. 13. ed. Tradução: Ligia Vassalo. Petrópolis: Vozes, 1996.

FRANCO, Alberto Silva *et al*. (org.). Justiça penal portuguesa e brasileira: tendências de reforma. Colóquio em homenagem ao IBCCRIM. São Paulo: IBCCRIM, 2008.

FREEMAN, Michael. Direitos Humanos Universais e Particularidades Nacionais. Cidadania e Justiça. *Revista da Associação dos Magistrados Brasileiros*, Ano 5, n. 11, 2001.

FREITAS, Juarez. *A Interpretação Sistemática do Direito*. São Paulo: Malheiros, 1995.

FREUD, S. *Psicologia de Las Masas y Analisis del Yo*. Madrid: Biblioteca Nueva, 1973.

GARCIA-PABLOS DE MOLINA, Antonio. *Derecho Penal*. Madrid: Universidad Complutense, 1995.

GAUER, Ruth M. C. *A Modernidade Portuguesa e a Reforma Pombalina de 1772*. Porto Alegre: Edipucrs, 1996.

GIACOMOLLI, Nereu José. *Juizados Especiais Criminais*. 2. ed. Porto Alegre: Livraria do Advogado, 2002.

GIMENO SENDRA, Vicente; MORENO CATENA, Vitor; CORTÉZ DOMÍNGUEZ, Valentim. *Derecho Procesal Penal*. 3. ed. Madrid: Colex, 1999.

GIORGI, Rafaelle de. *Direito, Democracia e Risco. Vínculos com o Futuro*. Porto Alegre: Fabris, 1998.

GOFFMAN, Erwing. *Estigma. Notas Sobre a Manipulação da Identidade Deteriorada*. Rio de Janeiro: Guanabara, 1988.

GOIFMAN, Kiko. Sobre o Tempo na Prisão. In: *Discursos Sediciosos, Crime, Direito e Sociedade*, ano 3, n. 5 e 6, 1º e 2º semestre de 1998.

GOLDSCHMIDT, James. *Problemas Jurídicos y Políticos del Proceso Penal*. Barcelona: Bosch, 1935.

GOMES, Luiz Flávio. *Direito de Apelar em Liberdade*. 2. ed. São Paulo: RT, 1996.

GOMES FILHO, Antonio Magalhães. Prisão Cautelar e o Princípio da Presunção de Inocência, In *Fascículos de Ciências Penais*, ano 5, vol. 5, nº 1, 1992.

GOMEZ ORBANEJA, Emílio; HERCE QUEMADA, Vicente. *Derecho Procesal Penal*. Madrid: Artes Gráficas y Ediciones, 1981.

GONZÁLEZ-CUELLAR SERRANO, Nicolas. *Proporcionalidad y Derechos Fundamentales en el Proceso Penal*. Madrid: Ed. Colex, 1990.

GOUGH, J.W. *Segundo Tratado sobre o Governo Civil e Carta sobre a Tolerância*. 2. ed. Petrópolis: Vozes, 1999.

GUASP DELGADO, Jaime. La pretensión Procesal. In: ARAGONESES ALONSO, Pedro (coord.). *Estudos Jurídicos*. Madrid: Civitas, 1996.

HASSEMER, Winfried. Los Presupuestos de la Prisión Preventiva. In *Crítica al Derecho Penal de Hoy*. 2. ed. Buenos Aires: Ad hoc, 1998.

HAYEK, F. A. *O Caminho da Servidão*. 5. ed. Rio de Janeiro: Instituto Liberal, 1990.

———. A. *Arrogância Fatal, os erros do socialismo*. Porto Alegre: Ortiz, 1995.

IBÁÑEZ, Perfecto. Presunción de Inocencia y Prisión Sin Condena. *Revista de La Asociación de Ciencias Penales de Costa Rica*, n. 13, 1997.

JARDIM, Afrânio Silva. *Direito Processual Penal*. 6. ed. Rio de Janeiro: Forense, 1997 e 5ª edição, 1995.

KARAN, Maria Lúcia. *De Crimes, Penas e Fantasias*. 2. ed. Rio de Janeiro: Loam, 1993.

———. A Esquerda Punitiva. In: *Discursos Sediciosos, Crime, Direito e Sociedade*, Ano 1, n. 1, 1996.

KAUFMANN, Arthur. "Prolegómenos a uma lógica jurídica e a uma ontologia das relações". *Boletim da Faculdade de Direito da Universidade de Coimbra*, Coimbra, v. 93, 2002.

LARRAURI, Elena. *La Herencia de La Criminologia Critica*. Madrid: Ed. Siglo Veitiuno de Espanha, 1991.

LEAL, Rui Silva. "Eu sou arguido amanhã. Os direitos de garantia". In: MONTE, Mário Ferreira et al. (org.). *Que futuro para o direito processual penal?* Coimbra: Coimbra Editora, 2009.

LEONE, Giovanni. *Tratado de Derecho Procesal Penal*. Buenos Aires: Ediciones Jurídicas Euro-Americano, 1963.

LIMA, Marcellus Polastri; AMBOS, Kai. *O processo acusatório e a vedação probatória perante as realidades alemã e brasileira*. Porto Alegre: Livraria do Advogado, 2009.

LOPES JÚNIOR, Aury. Fundamento, Requisito e Princípios Gerais Das Prisões Cautelares. In: *Revista da Ajuris*, n. 72, Porto Alegre, 1998.

———. Medidas Cautelares no Direito Processual Penal Espanhol. In: *Revista da Ajuris*, n. 69, 1997.

———. O Fundamento da Existência do Processo Penal: A Instrumentalidade Garantista. In: *Revista da Ajuris*, n. 76, 1999.

———. *Sistemas de Instruccion Preliminar en los Derechos Español y Brasileño (Con Especial Referencia a la Situacion del Sujeto Pasivo del Proceso Penal)* Tese de Doutoramento na Universidade Complutense de Madrid. Madrid: 1999.

———. *Sistemas de Investigação Preliminar no Processo Penal*, Lumen Juris, Rio de Janeiro: 2001.

———. Crimes Hediondos e a Prisão em Flagrante como Medida Pré-Cautelar. In: *Revista de Estudos Criminais*, n. 3, 2001.

———. Crimes Hediondos e a Prisão em Flagrante como Medida Pré-Cautelar: Uma Leitura Garantista. In: *Garantias Constitucionais e Processo Penal*. Bonatto (org.). Gílson. Lumen Juris, Rio de Janeiro: 2002.

———. *Direito Processual Penal*. Saraiva: São Paulo, 2013.

LOUREIRO, Flávia Noversa. "A (i)mutabilidade do paradigma processual penal respeitante aos direitos fundamentais em pleno século XXI". In: MONTE, Mário Ferreira et al. (org.). *Que futuro para o direito processual penal?* Coimbra: Coimbra Editora, 2009.

LÚCIO, Laborinho. "Processo penal e consciência colectiva". In: MONTE, Mário Ferreira et al. (org.). *Que futuro para o direito processual penal?* Coimbra: Coimbra Editora, 2009.

LUGON, Clóvis. *A República Comunista Cristã dos Guaranis*. Rio de Janeiro: Paz e Terra, 1977.

MACHADO, J. Baptista. "Antropologia, existencialismo e direito". *Revista de Direito e de Estudos Sociais*, Coimbra, ano 11, 1960.

MADLENER, Kurt. "Meios e métodos para alcançar-se no processo penal as metas de 'prazo razoável' e de 'celeridade'. Observações a respeito da Justiça Alemã". In: MONTE, Mário Ferreira et al. (org.). *Que futuro para o direito processual penal?* Coimbra: Coimbra Editora, 2009.

MARQUES, José Frederico. *Elementos de Direito Processual Penal*. Campinas: Bookseller, 1997, v. IV.

——. *Tratado de Direito Processual Penal*. São Paulo: Saraiva, 1980. v. I.

——. *Instituições de Direito Processual Civil*. São Paulo: Saraiva, 1971. v. I.

MELLO, Silvia Leser de. A Cidade, a Violência e a Mídia. In: *Revista Brasileira de Ciências Criminais*, n. 21, jan.-mar. 1998.

MENDES, Gilmar Ferreira. Questões fundamentais de Técnica Legislativa. Porto Alegre, *Ajuris*, n. 53, 1991.

MONTE, Mário Ferreira. "Um Olhar sobre o futuro do direito processual penal: razões para uma reflexão". In: MONTE, Mário Ferreira *et al.* (org.). *Que futuro para o direito processual penal?* Coimbra: Coimbra Editora, 2009, 405, 411-412.

—— *et al.* (org.). *Que futuro para o direito processual penal?* Coimbra: Coimbra Editora, 2009.

MOREIRA, José Carlos Barbosa. Notas sobre a efetividade do processo. In: *Revista Ajuris*, n. 29, nov. 1983.

——. O que deve e o que não deve figurar na sentença, *Revista da Emerj*, vol. 2, n. 8, 1999.

MORIN, Edgar. In: SILVA, Juremir Machado da. *O Pensamento do Fim do Século*. Porto Alegre: L&PM, 1993.

MUÑOZ CONDE, Francisco. *La prisión como problema*: resocialización versus desocialización in La Qüestió Penitenciària. Papers D'Estudios I Formació, Generalitat de Catalunya. Catalunya: Departamento de Justicia, centre d'Estudis i Formació, abril, 1987. Núm. Especial.

OST, François. *O Tempo do Direito*. Lisboa: A Triunfadora Artes Gráficas, 1999.

PAIM, Antonio. *A Querela do Estatismo* editada pelo Senado Federal. Brasília: Biblioteca Básica Brasileira, 1998.

PACELLI, Eugênio. *Curso de Processo Penal*. São Paulo: Atlas, 2012.

PELLEGRINI GRINOVER, Ada. A Reforma do Processo Penal. In: WUNDERLICH, Alexandre (org.). *Escritos de Direito e Processo Penal em Homenagem ao Professor Paulo Cláudio Tovo*. Rio de Janeiro: Lumen Juris, 2002.

——. A Iniciativa Probatória do Juiz No Processo Penal Acusatório. In *Revista do Conselho nacional de Política Criminal e Penitenciária*, Brasília: 1 (12): 15-25, Jul/98 e Dez/99.

——. Limites Constitucionais À Prisão Temporária, *Revista do Advogado*, São Paulo, AASP, abril de 1994, n. 42.

PELLEGRINI GRINOVER, Ada. *O processo em evolução*. Rio de Janeiro: Forense, 1996.

PIERANGELLI, José Henrique. *Processo Penal: Evolução Histórica e Fontes Legislativas*. Bauru/São Paulo: Jalovi, 1983.

PINHO, Ana Cláudia Bastos de. Prisão Provisória: Cautelaridade ou Banalidade? *Revista de Estudos Criminais*, n. 03, 2001.

PRADO, Geraldo. *Sistema Acusatório – A Conformidade Constitucional das Leis Processuais Penais*. Rio de Janeiro: Lumen Juris, 1999.

PRIGOGINE, Ilya. *O Fim das Certezas, Tempo, Caos e as Leis da Natureza*. Trad. Roberto Leal Ferreira. São Paulo: Unesp, 1996.

ROUSSEAU, Jean-Jacques. *Do Contrato Social ou Princípios do Direito Político*. São Paulo: Abril Editora, 1978. Coleção Os Pensadores.

SÁ, Alvino Augusto. Prisionização: Um Dilema Para o Cárcere E Um Desafio Para a Comunidade. In: *Revista Brasileira de Ciências Criminais*, n. 21, jan.-mar. 1998.

SANDRONI, Cícero e SANDRONI, Laura Constância A. de A. *Austregésilo de Athaíde – O Século de Um Liberal*. Rio de Janeiro: Agir, 1998.

SANGUINÉ, Odone. A Inconstitucionalidade do Clamor Público como Fundamento da Prisão Preventiva. In: SCHECAIRA, Sérgio Salomão (org.). *Estudos Criminais em Homenagem a Evandro Lins e Silva*. São Paulo: Método, 2001.

——. Prisão Provisória e Princípios Constitucionais. In *Fascículos de Ciências Penais*, Porto Alegre: Fabris, 1992.

SANTOS, Francisco de Araújo. *O Liberalismo*. 2. ed., Porto Alegre: Universidade/UFRGS, 1999.

SCHILLING, Voltaire. *As Grandes Correntes do Pensamento, Da Grécia Antiga ao Neoliberalismo*. 2.ed. Porto Alegre, AGE, 1999.

SILVA, Germano Marques da. "Sobre a liberdade no processo penal ou do culto da liberdade como componente essencial da prática democrática". In: *LIBER Discipulorum para Jorge de Figueiredo Dias*. Coimbra: Coimbra Editora, 2003.

SILVA, Hélio R. S.; MILITO, Cláudia. *Vozes do Meio-Fio, Etnografia*. Rio de Janeiro: Relume-Dumará, 1995.

SILVA, Ovídio Baptista da. *Curso de Processo Civil – Processo Cautelar – Tutela de Urgência*. São Paulo: RT, 1998. v. III.

SILVA FRANCO, Alberto. Crimes Hediondos. 3. ed. São Paulo: RT, 1994.

SOLIMINE, Marcelo. Princípios Generales de Las Medidas de Coerción. *Sdec. Doctrina*, 1998.

SORMAM, Guy. *Jornal do Comércio*, 15.12.94.

SOUSA, Alberto Rufino R.R. de. *Estado de Necessidade: um conceito novo e aplicações mais amplas*. Rio de Janeiro: Forense, 1979.

SOUSA, Susana Aires de. "*Agent Provocateur* e meios enganosos de prova. algumas reflexões". In: *LIBER Discipulorum para Jorge de Figueiredo Dias*. Coimbra: Coimbra Editora, 2003.

STEIN, Ernildo. *Seis estudos sobre "ser e tempo" (Martin Heidegger)*. Petrópolis: Vozes, 1988.

STRECK, Lenio Luiz. *A Filtragem Hermenêutico Constitucional do Direito Penal*: Um Acórdão Garantista. Separata !TEC, Ano II, Edição Especial, 2000.

SUANNES, Adauto. *Os fundamentos éticos do devido processo penal*. São Paulo: RT, 1999.

TEIXEIRA, Alessandra. O cerceamento de informações sobre o sistema prisional de São Paulo. *Boletim do IBCCRIM*, São Paulo, ano 15, n. 176, jul. 2007.

THUMS, Gilberto. *Sistemas Processuais Penais:* Tempo, Dromologia, Tecnologia e Garantismo. Dissertação de mestrado do Programa de Pós-Graduação em Ciências Criminais da PUC/RS. Porto Alegre: PUCRS, 2001.

TORNAGHI, Hélio. *Compêndio de Processo Penal*. Rio de Janeiro: José Konfino, 1967. Tomo III.

TOURINHO FILHO, Fernando da Costa. *Código de Processo Penal Comentado*. 4. ed. São Paulo: Saraiva, 1999.

——. Prisão Provisória. *Revista de Informação Legislativa*, n. 122, maio/jul. 1994.

TRINDADE, Antonio Augusto Cançado. *A Proteção Internacional dos Direitos Humanos e o Brasil*. Brasília: UnB, 1998.

TUCCI, Rogério Lauria. *Princípios e Regras Orientadoras do Novo Código de Processo Penal Brasileiro*. Rio de Janeiro: Forense, 1986.

VARGAS, José Cirilo de. *Direitos e Garantias Individuais no Processo Penal*. Rio de Janeiro: Forense, 2002.

VIEIRA, Luís Guilherme. O fenômeno opressivo da mídia: uma abordagem acerca das provas ilícitas. In: *Discuros Sediciosos, Crime, Direito e Sociedade*, Ano 3, n. 5 e 6, 1998.

VIRILIO, Paul. *A Inércia Polar*. Trad. Ana Luísa Faria. Lisboa: Publicações Dom Quixote, 1989.

WACQUANT, Loïc. *As Prisões da Miséria*. Rio de Janeiro: Jorge Zahar, 2001.

WEDY, Miguel Tedesco. *Teoria Geral da Prisão Cautelar e Estigmatização*. Rio de Janeiro: Lumen Juris, 2006.

——. *A Eficiência Como Critério de Otimização da Legitimidade do Direito Penal e Seus Desdobramentos em Processo Penal*. 2011.

WUNDERLICH, Alexandre. Por um Sistema de Impugnações no Processo Penal Constitucional Brasileiro: Fundamentos para (Re)Discussão. In: *Escritos de Direito e Processo Penal em Homenagem ao Professor Paulo Cláudio Tovo*. Rio de Janeiro: Lumen Júris, 2002.

ZAVALETA, Arturo. *La prision preventiva y la libertad provisoria*. Buenos Ayres: Arayú, 1954.